Luise Schorn-Schütte
HISTORISCHE POLITIKFORSCHUNG

Luise Schorn-Schütte

HISTORISCHE POLITIKFORSCHUNG

Eine Einführung

C. H. Beck

*Für Hannah und Ami –
und ihre liebevolle Skepsis*

© Verlag C. H. Beck oHG, München 2006
Umschlagentwurf: Angst + Vogt, München
Gesetzt aus der Stempel Garamond bei Fotosatz Amann
Druck und Bindung: Pustet, Regensburg
Gedruckt auf säurefreiem, alterungsbeständigem Papier
(hergestellt aus chlorfrei gebleichtem Zellstoff)
ISBN-10 3 406 55061 4
ISBN-13 978 3 406 55061 4

www.beck.de

INHALTSVERZEICHNIS

Vorwort 7

EINLEITUNG 9

I. TRADITIONEN: DAS POLITISCHE IN DER GESCHICHTS-
SCHREIBUNG DES 19. UND 20. JAHRHUNDERTS 13

1. Deutschland 14
1.1. Politikbegriff und Staatsräson 14
1.2. Die bundesrepublikanische Debatte um die
Geschichtsschreibung des Politischen seit den
sechziger Jahren des 20. Jahrhunderts 34

2. Nordamerika 44
2.1. Europäische Traditionen und
Progressive Historians 46
2.2. New Political History 50

3. England 53
3.1. Klassische Ideengeschichtsschreibung 54
3.2. Die Kritik Q. Skinners 57

4. Italien 59
5. Zusammenfassung 63

II. GEGENWÄRTIGE TENDENZEN 67

1. Grundlagen 68
1.1. Sozialgeschichte der Ideen und der Politik ... 69
1.2. Geschichte der politischen Ideen- und
     Begriffsgeschichte 73
1.3. Politische Kommunikation, historische
     Semantik und Diskursgeschichte 77
1.4. Zusammenfassung 83

2. Konkretionen:
   Historische Politikforschung 85
2.1. Der Ordogedanke in der Frühen Neuzeit ... 86
2.2. Verfassung als symbolische Ordnung 104
2.3. Liberalismus: historische Semantik und
     politische Sprache 110

3. Zusammenfassung 113

III. AUSBLICK 117

ANHANG 121
Anmerkungen 121
Literatur 136
Glossar 153
Register 159

Vorwort

Dieses kleine Buch ist aus der Zusammenarbeit mit italienischen, österreichischen und deutschen Kolleginnen und Kollegen, Stipendiatinnen und Stipendiaten entstanden, die sich im Rahmen des Internationalen Graduiertenkollegs «Politische Kommunikation von der Antike bis in das 20. Jahrhundert»[1] zu einer intellektuell und menschlich außerordentlich anregenden und ertragreichen Zusammenarbeit zusammengefunden haben. Allen Unkenrufen zum Trotz zeigt sich, dass in Universitäten exzellent und kreativ wie eh und je gearbeitet werden kann, dass der Austausch zwischen Lehrenden und Lernenden inspirierend ist – auch und gerade in den Geisteswissenschaften. Der kreative Widerspruchsgeist der Stipendiaten hat mich zu diesem Text motiviert in der Hoffnung, dass er weiteren Widerspruch herausfordern wird!

Frankfurt/M., Palmsonntag 2006

EINLEITUNG

Die Globalisierung hat für die europäischen Gesellschaften des ausgehenden 20. und des beginnenden 21. Jahrhunderts weiter reichende Folgen als dies Politik, Wirtschaft und Wissenschaft vorhergesehen hatten. Die damit verbundene Krise des Sozialstaates ist insbesondere in der deutschen Diskussion sehr präsent, ist doch die sozialstaatliche Tradition einer derjenigen positiven Aspekte deutscher Geschichte, auf deren Basis sich zwischen 1949 und 1989 die Gesellschaft der alten Bundesrepublik eine anzuerkennende Identität, ein positives Selbstverständnis zugestanden hatte.

An diesen Entwicklungen war die Geschichtswissenschaft der vergangenen Bundesrepublik einerseits maßgeblich beteiligt, andererseits hat sie davon wesentlich profitiert. Die seit dem Ende der sechziger Jahre einsetzende Dominanz der Sozialgeschichtsschreibung war auch deshalb unbestritten, weil mit Hilfe der durch sie entfalteten methodischen Innovationen die Linien herausgestellt werden konnten, die im sozialpolitischen Raum die fürsorgende deutsche Staatlichkeit in eine westeuropäische Gemeinsamkeit einzubinden vermochten. Auch für die Sozialgeschichtsschreibung also stand der Staat, wenn auch in ganz anderer Beleuchtung als in den vorhergehenden Forschergenerationen, weiterhin im Mittelpunkt des forschenden Interesses. Das gilt für alle Teilgebiete der Geschichtswissenschaft; besonders nachdrücklich hat es die Geschichtsschreibung zur Frühen Neuzeit geprägt. Die dort über zwei Generationen dominanten Interpretationen der Sozialdisziplinierung und Konfessionalisierung wurden zu Bausteinen der Vorgeschichte des modernen Sozialstaates erklärt.

Historiker sind Zeitgenossen. Diese Binsenwahrheit kann nicht oft genug betont werden, denn nur so wird verständlich, dass sich mit dem derzeitigen Wandel im Verständnis von Ziel und Funktion staatlicher Ordnung auch die Fragerichtungen der Historiker verändern. Da das für ganz Europa und Nordamerika gilt, erschienen die Veränderungen aus der Sicht der Wissenschaft zunächst als ein rein innerwissenschaftliches Phänomen, das man den internen Diskussionen verdanke; immer deutlicher aber wird jetzt, dass hier ein auch durch außerwissenschaftlichen Wandel angeregter Prozess stattfindet.

Die Folgen sind bemerkenswert. Nach dem Ende der Dominanz der Sozialgeschichtsschreibung setzte sich seit dem Beginn der neunziger Jahre des 20. Jahrhunderts die Einsicht durch, dass ein Alleinvertretungsanspruch einer wissenschaftlichen Blickrichtung nicht Ziel führend sein kann; stattdessen hat sich ein durchaus spannungs-, aber ertragreiches Miteinander zwischen «neuer Kulturgeschichtsschreibung»[1] und der etablierten Sozialgeschichtsschreibung durchgesetzt. Diese Veränderungen erreichen nunmehr auch die lange stiefmütterlich behandelte «Geschichtsschreibung der Politik bzw. des Politischen» in Gestalt eines wahren Booms von Arbeiten zur so genannten *Neuen Politikgeschichte*, zur Kulturgeschichte des Politischen, zur Geschichte der Politischen Kommunikation.[2] Damit aber ist die Geschichtswissenschaft keineswegs wieder bei den Themen angekommen, von denen sie sich seit der Mitte der siebziger Jahre des vergangenen Jahrhunderts distanziert hatte. Die gegenwärtigen Bemühungen um eine auch methodisch differenzierte Integration «des Politischen» vollziehen sich vor einem gravierend veränderten zeithistorischen Horizont; sie können zudem auf einer gründlich veränderten methodisch-theoretischen Grundlegung aufbauen.

Gerade deshalb ist die Zeit für eine Standortbestimmung gekommen, die auch, wie könnte es anders sein, die Wurzeln der gegenwärtigen Debatten über eine historische Politikforschung in den Blick nimmt. Dies ist das Anliegen des vorliegenden Büchleins. Denn die Frage ist berechtigt, was diese neuen Ansätze zu einer Geschichtsschreibung des Politischen mit jenen Forschungen des ausgehenden 19. Jahrhunderts und des frühen 20. Jahrhunderts verbindet, die z. B. den Primat des Politischen betonten. Ist diese Traditionslinie, so ist weiter zu fragen, überhaupt diejenige, an die die gegenwärtigen Arbeiten anknüpfen können oder ist aufgrund der unterschiedlichen Rezeptionen seit 1918 und erneut nach 1949 möglicherweise eine ganz eigenständige Variante entstanden, die sich viel stärker etwa den Traditionen der Ideen- und Geistesgeschichtsschreibung verbunden weiß? Der Blick auf die Entwicklungen in der Historiographie in anderen europäischen Ländern und in Nordamerika bestätigt diese Vermutung; dort sind Verbindungen von politischer und Ideengeschichtsschreibung selbstverständlicher als dies für die deutsche Debatte der Fall ist. Um diese Fragen zu klären, ist es notwendig, nach dem Charakter der Verzahnung verschiedener Sektoren des Historischen (also Politik und Religion, Politik und Gesellschaft u.a.m.) zu fragen; daraus ergibt sich die Wiederaufnahme der Debatte darüber, ob es eine wesenhafte Bestimmung «des» Politischen geben kann oder nicht. Und deshalb ist die Fragestellung dieser Untersuchung eine, die sowohl die Historiker als auch die historisch arbeitenden Politikwissenschaftler beschäftigt.

Die derzeitigen Bemühungen um dieses Forschungsfeld sind keineswegs auf den deutschen Sprachraum allein konzentriert. Der internationale Austausch ist anregend, Konflikt verschärfend, dadurch zugleich aber auch klärend. Insbesondere die Debatten im angelsächsischen Raum sind hier zu nennen, Entsprechendes gilt für den Austausch mit Italien.[3]

I. TRADITIONEN:
DAS POLITISCHE IN DER GESCHICHTSSCHREIBUNG
DES 19. UND 20. JAHRHUNDERTS

Die politische Geschichte hat kein gutes Image. Seit den Auseinandersetzungen um den «eigentlichen» Gegenstand historischer Forschung, die mit dem Lamprechtstreit zumindest in Deutschland seit den 1890er Jahren einen ersten Höhepunkt erreichten, blieb der Gegensatz zwischen Politischer und Kulturgeschichtsschreibung bestehen.[1] «Geschichte: Politik oder Kultur?», so fragte F. Gilbert 1992 in seinem Versuch, den Gegensatz am Beispiel der Forschungen J. Burckhardts und L. v. Rankes zu charakterisieren.[2] Mit dem Werk des Baseler Historikers stellte er die Kulturgeschichtsschreibung des frühen 19. Jahrhunderts derjenigen der politischen Geschichte gegenüber, die in Gilberts Interpretation durch Rankes Arbeiten zur europäischen Außenpolitik seit den dreißiger Jahren des 19. Jahrhunderts maßgeblich geprägt worden sei. Was aber heißt in Rankes Verständnis Geschichtsschreibung des Politischen oder politische Geschichte? Stand sie im Gegensatz zur wie auch immer zu charakterisierenden Kulturgeschichtsschreibung? Und kam letztere ohne jeden Bezug zum Politischen aus? Es lohnt sich, dem noch einmal nachzugehen.

1. Deutschland

1.1. Politikbegriff und Staatsräson

Die Historisierung des Denkens und Handelns wurde zum Gegenstand historischen Arbeitens seit dem beginnenden 19. Jahrhundert. Der Ursprung des Historismus, so hat die Forschung wiederholt belegt, ist hier anzusiedeln. Und er muss als ein Ergebnis der Verzahnung der ganz individuellen Erfahrung rasanter Umbrüche mit der Erkenntnis betrachtet werden, dass dieser Wandel zum Gegenstand historischer Reflexion werden müsse. Zahlreiche Historiker nahmen diese Einsicht auf, indem sie eine Linie der Entwicklung von der vergangenen Geschichte zur Gegenwart zogen. J. Burckhardt hat dies in seiner Baseler Vorlesung von 1851 so formuliert: «Die Geschichte ist [...] vorhanden [...], um die Vergangenheit mit der Gegenwart zu vermitteln.»³

Staatsoptimismus und Modernitätskritik:
Ranke, Droysen und J. Burckhardt

Für die Historiker des beginnenden 19. Jahrhunderts bestand also Einigkeit darüber, dass die Vergangenheit die Gegenwart prägt. Dies war eine klare Absage an die Auffassungen der vorhergehenden Generationen:

Nicht die abstrakten Begriffe der Aufklärung beinhalten die Wahrheit, sondern die historischen Entstehungsbedingungen vorhandener politischer Ordnungen ermöglichen Orientierung für den Zeitgenossen. Damit wurde die Einzigartigkeit der Nationen und Völker ebenso erklärt wie der Primat des Staates, was angesichts seiner ihm zeitgenössisch zugewiesenen Funktion, ordnungspolitischen Normen und Werten zur Geltung zu verhelfen, nachvollziehbar ist.
Auch über die Art und Weise der wissenschaftlichen Erkenntnis im Umgang mit dieser Vergangenheit, der wissenschaftlichen Methode also, war man sich weitgehend einig: Burckhardt folgte *Leopold v. Rankes* quellenkritischer Methode ebenso wie die Mehrheit der zeitgenössischen Historiker. Gegen den Hegelianismus, die dominierende Philosophenschule des beginnenden 19. Jahrhunderts, betonte Ranke, dass das Allgemeine der Geschichte nicht einfach festgesetzt werden könne, nicht eine vernunftbedingte Entwicklung also das Ziel aller Geschichte sei.[4] Vielmehr müsse jede Zeit in ihrer Individualität verstanden und mit Hilfe der Quellenkritik identifiziert werden.[5] Mit dieser Anschauung folgte Ranke der zeitgenössischen romantischen Staatsauffassung eines Adam Müller.[6] Ranke ersetzte die hegelsche Kategorie des Fortschritts, dessen Verwirklichung sich in der Verbesserung des Menschengeschlechts zeigen sollte, durch die Vorstellung einer historischen Bewegung. Für jede Epoche kann diese, so Ranke weiter, im Handeln der Staaten als organischer Einhei-

ten festgestellt werden, darin liegt der Sinn der Geschichte. Staaten sind wie Organismen durch innere Prinzipien zusammengehalten, Ranke bezeichnete sie als sittliche Potenzen oder als sittliche Ideen. Für den Historiker komme es darauf an, jene in ihrer Individualität zu beschreiben; dies kann er ohne jede abstrakte Begrifflichkeit und ohne den wertenden Zeigefinger der Nachgeborenen. «Ein reines Urteil ist nur möglich, wenn man jedweden nach dessen eigenem Standpunkt, nach dem ihm innewohnenden Bestreben würdigt.»[7]

Diese Annahme der voraussetzungslosen Forschung war bereits für die Zeitgenossen problematisch.[8] Denn die Charakterisierung der Staaten als Organismen zeigte Ranke als Zeitgenossen, der seine eigenen Kategorien in die Bewertung einfließen ließ; wie Hegel setzte auch der Berliner Historiker voraus, was erst bewiesen werden sollte. Die Forschung hat dies in den vergangenen Jahrzehnten nachhaltig herausgearbeitet und als einen der zentralen Schwachpunkte einer Geschichtsschreibung bezeichnet, die sich mit dem Wachsen der Staaten im Rankeschen Sinne befasst.[9] Dennoch bleibt bedenkenswert, dass Ranke versuchte, «die Vergangenheit von jenem Anstrich posthumer Herablassung zu befreien, den philosophierende Historiker wie Voltaire ihr gegeben hatten.»[10]
Rankes Geschichtsschreibung des Werdens der Staatsorganismen, der großen Mächte, wie er selbst im Blick auf die europäische Geschichte der Neuzeit formu-

lierte, betonte den *Primat des Politischen*. Alle anderen Formen der Vergemeinschaftung, die es innerhalb der organischen Ganzheit des Staates ja durchaus gab, waren für ihn ohne Belang. Nur die Regierungen als Repräsentanten der Nationen ebenso wie die Diplomatie als die Kunst der zwischenstaatlichen Beziehungen fanden sein Interesse. Europa war für ihn keine geographische, sondern eine politische Größe, eine Einheit aufgrund gemeinsamer geistiger Kräfte, gemeinsam wirkender Ideen. Der Ausgleich zwischen unterschiedlichen Interessen der Staaten war die Aufgabe der politischen Akteure. Dies gilt im Verhältnis zwischen den großen Mächten einerseits, in der Befriedung von Interessengegensätzen innerhalb konkreter staatlich-politischer Ordnung andererseits.

Rankes Konzentration auf die Geschichte der Staatsindividuen wurde von anderen zeitgenössischen Historikern geteilt, selbst wenn sich die geschichtstheoretischen Begründungen voneinander unterschieden. Das gilt sowohl für Jakob Burckhardt als auch für J. G. Droysen; insofern ist die eingangs zitierte Interpretation durch F. Gilbert neu zu lesen.
Für *Jakob Burckhardt* war ebenso wie für Ranke und Droysen unbestritten, dass «die Vergegenwärtigung der Vergangenheit zum Zwecke der Orientierung» in der Gegenwart diene.[11] Anders aber als Ranke und wiederum anders als Droysen betrachtete Burckhardt den tiefen Umbruch zu Beginn des 19. Jahrhunderts,

an den die Erfahrungen aller Historiker gemeinsam anknüpften, nicht als nationale, sondern als globale Krise der Zivilisation. Diese setzte er gleich mit den Werten und Traditionen Alteuropas, den Werten und Normen also des vorrevolutionären Europa. Seine Zeitdiagnostik war Modernitätskritik, sie war die bewusste Rückbindung der Geschichtsschreibung an das vorrevolutionäre Alteuropa.
Burckhardt unterscheidet drei Potenzen historischen Wandels: Staat, Religion und Kultur. Von der unterschiedlichen Bedeutung, die diesen drei Faktoren zukommt, sind, so seine Interpretation, die unterschiedlichen historischen Wege der Staaten und Völker in der Weltgeschichte abhängig. Während Staat und Religion eine immer währende Gültigkeit im Gang der Geschichte für sich in Anspruch nehmen und sie sogar das Recht fordern, diese mit Gewalt durchzusetzen, «ist die Existenz der Kultur auf die Fähigkeit des Individuums angewiesen, sich frei in unterschiedliche Richtungen zu bewegen, Spontaneität zu zeigen.»[12] Keine der drei Kräfte kann alleine bestehen, ihre wechselseitige Abhängigkeit betonte Burckhardt nachdrücklich. In der Gegenüberstellung von griechischer Kultur und moderner Welt unterstrich Burckhardt die Chance der Kultur, sich sehr wohl aus der Umklammerung durch Religion und Staat zu befreien und der Entwicklung des Individuums Raum zu geben. Sein insgesamt kulturkritischer und rückwärts gewandter Blick auf seine eigene Zeit führte Burckhardt dazu, die Rolle des Staates als ausschließlich machtpolitisch

zu charakterisieren, sie also mehr als Verhinderung der individuellen Freiheit denn als Schutz für ihre Entfaltung zu sehen.

Die dritte zeitgenössische Position entfaltete *Johann Gustav Droysen*, der Berliner Professor und seit der Mitte des 19.Jahrhunderts der nationalliberalen Bewegung verbundene «politische Historiker.»[13] Während er einerseits vor dem Hintergrund der schleswigholsteinischen Frage und im Kontext des gemäßigten Vormärz die Verzahnung von Politik und Geschichte zur *politischen Geschichtsschreibung* rechtfertigte, begründete er andererseits ein Jahrzehnt später (1857) mit seiner methodisch scharfsinnigen «Historik» eine Theorie der Geschichtswissenschaft, eine Methodologie der Geschichte. Letztere war Ergebnis seiner Auseinandersetzung mit dem Exklusivität beanspruchenden Wissenschaftsbegriff der zeitgenössischen Naturwissenschaft.

In seiner Historik charakterisierte Droysen die existentielle Einbindung des Menschen in die Geschichte und begründete damit das elementare Interesse sowohl des Einzelnen als auch der Gemeinschaft an der Vergangenheit: «Er ist in der Geschichte und die Geschichte in ihm.»[14] Droysen unterstrich mit dieser individuellen Bindung zugleich die Unmöglichkeit, die Standortgebundenheit der Forscher zu beseitigen, damit erkannte er die Relativität aller Geschichtsschreibung an. Dennoch hielt er, wie Ranke, an einem Sinn der Geschichte fest, den die Historiker zu identifizieren in der Lage seien. Denn der Geschichtsverlauf entspreche, so Droysen weiter, einem objektiven Prozess, weil alle menschlichen Ideen Reflex eines objektiven Geistes seien. Der Sinn des Geschichtsverlaufs liegt demnach in ihm selbst, das Ziel ist ethisch gut. Diesen optimistischen Blick auf das Wesen der Macht teilte Droysen mit Ranke; deshalb konnte auch er behaupten, dass die Interessen des jeweils konkreten zeitgenössischen Staates mit den Forderungen politischer Ethik identisch seien. Die politische Geschichtsschreibung als eine enge Verzahnung von Geschichte und aktueller Politik hatte hier ihre Legitimation.[15] *Politik* definierte Droysen aber nicht als das Wachsen von dynastischen oder diplomatischen Kräften, sondern als ein politisches Programm, mit dessen Hilfe die politische Realität durch eine bessere Politik überwunden werden könne.[16] Den Maßstab zur Unterscheidung guter von schlechter Politik nahm Droysen aus seiner Zeiterfahrung.

Fassen wir an dieser Stelle zunächst zusammen, so ist festzuhalten: Der Staat war Gegenstand historistischer Forschung seit dem Beginn des 19. Jahrhunderts; Rankescher Staatsoptimismus verband sich mit Burckhardtscher Modernitätsskepsis und dem handlungsorientierten Politikbegriff J.G. Droysens, der damit den Auftrag zur Verbesserung bestehender nationaler Ordnungen verband. Alle Historiker gemeinsam aber betrachteten den Staat als ein ethisch gutes Individuum, dessen Handlungen der Historiker zu analysieren vermochte. Droysens und Rankes national und staatlich orientierter Blick auf den Primat des Politischen hatte die weitgehende Ausblendung sozialer und wirtschaftlicher Impulse in ihrer Wirkung auf das Handeln der Staatsindividuen zur Folge; Burckhardts Modernitätskritik dagegen öffnete den Blick für diese Aspekte historischer Realität stärker.

Politikbegriff und Staatsräson:
H. v. Treitschke, F. Meinecke, O. Hintze, R. Smend.

Bereits in den frühen dreißiger Jahren des 19. Jahrhunderts hatte sich L. v. Ranke mit H. Leo über die Charakterisierung des Verhältnisses von Politik und Moral am Beispiel von N. Machiavelli gestritten; der italienische Politiker blieb Herausforderung auch für die Generation der politischen Historiker, die seit der Mitte des 19. Jahrhunderts erneut die Beziehung zwischen Moral und Politik debattierten. Der Politikbegriff, der dabei zur Debatte stand, war keineswegs einheitlich. Das ist schon daraus ersichtlich, dass tagespolitisch so unterschiedlich engagierte Historiker wie F. Chr. Dahlmann, G. Waitz, W. Roscher, H. v. Treitschke, G.G. Gervinus und H. v. Sybel Vorlesungen über «Politik» hielten.[17] Im Zentrum dieser breit rezipierten Texte stand die Rolle des Staates aus der Sicht der Geschichtsschreibung, das Verhältnis also zwischen Geschichte und Staat. Anders als die Staatslehre des ausgehenden 19. Jahrhunderts in Gestalt etwa der allgemeinen Staatslehre G. Jellineks, ging die Mehrheit der Historiker von der ungebrochenen Einheit des «Staatslebens» aus. M. Riedel hat diese Tatsache als Festhalten an der traditionalen, nämlich antiken Lehre von der Politik, als «Neuverständnis der ‹Politik› des Aristoteles»[18] charakterisiert. Weil der Historismus in diesem Sinne an der Verzahnung von Staat und Geschichte festhielt, kam er zu einer doppelten Abwehrhaltung: gegenüber dem als unhistorisch bezeichneten Vernunftstaatsrecht des 18. Jahrhunderts einerseits, gegenüber der gleichfalls als ungeschichtlich charakterisierten Theorie der «Gesellschaft» des 19. Jahrhunderts andererseits.

Der Berliner Historiker *H. v. Treitschke* hat diese Auffassung besonders offensiv vertreten. Im Unterschied etwa zu Droysen und Waitz machte Treitschke die neuen Sozialtheorien zu seinem Untersuchungsgegenstand. In seiner Erstlingsschrift von 1859 wurde erstmals eine Kritik von Seiten der Historiker an der jungen Wissenschaft der Soziologie, speziell der «Geschichte und Literatur der Staatswissenschaft» R. v. Mohls, formuliert.[19] Unter Rückgriff auf die aristotelische Tradition setzte er gegen die von der Soziologie behauptete Trennung von Staat und Gesellschaft seinen Begriff der Politik als einer «umfassenden Lehre vom ‹Staat›, von Verfassung und Verwaltung, Jurisprudenz und Ökonomie, vom Wechsel der Regierungsformen, von der Geschichte usf.»[20] In der Verbindung von klassischer aristotelischer Lehre der Politik und der Charakterisierung des Staates als eines Organismus wird die Eigenart der Begrifflichkeit Treitschkes sichtbar: Der Staat ist nicht bloße Organisationsform, sondern integriert alle Lebenszwecke des Menschen; zu diesen kommen, wie Treitschke ausdrücklich betont, wirtschaftliche, gesellschaftliche/soziale und politische hinzu. Das Politische ist im aristotelischen Sinne Teil der menschlichen Natur, demzufolge versteht Treitschke den Staat «als eine selbständige Ordnung, die nach ihren eigenen Gesetzen lebt.» Und er zitiert den Fundamentalsatz des Aristoteles, «dass der Staat etwas ebenso leibhaftiges ist wie irgend einer seiner Bürger.»[21] In Distanzierung von der Gesellschaftswissenschaft seiner Zeit bezieht er den Staat nicht auf die Gesellschaft, sondern auf die Geschichte und gelangt damit zu einer Einheit, die er Lehre von der Politik nennt. Aufgrund der Verschränkung von Staat und Geschichte ist letztere «vorwiegend politische Geschichte»;[22] in diesem ursprünglichen Sinn zielt politische Geschichte bei Treitschke auf die *ungetrennte Einheit von Staat und Gesellschaft*. «Das gesamte Volksleben soll geschildert werden; wir preisen einen Historiker am höchsten, wenn sein Werk in vollem Maße sozial-politisch ist.»[23]

Dieser Blick orientierte sich an den aristotelischen, vormodernen Traditionen, darauf hat die Forschung zu Recht hingewiesen. Die Frage ist berechtigt, ob diese Politikkonzeption den Forschungsbedürfnissen des ausgehenden 19. Jahrhunderts gerecht wurde. Konsequenterweise grenzte sich sowohl die zeitgenössische Rechts- und Staatslehre als auch die nachwachsende Historikergeneration von dieser Sichtweise Treitschkes ab. Keiner betrachtete es noch als seine Aufgabe, eine systematische Behandlung des Gestaltwandels der Staatsgewalt zu formulieren. Lediglich O. Hintze versuchte einen eigenständigen Zugang zur Frage nach der Verzahnung von Staat und Geschichte zu etablieren und formulierte seine historisch-vergleichende Methode mit dem Ziel, die «Entwicklung des Staates auch in anderen Kultur- und Volkskreisen» zu erforschen.[24]

Treitschkes Verständnis von politischer Geschichte ist in dem hier skizzierten Inhalt in den folgenden Jahrzehnten nicht immer vollständig dargestellt und häufig missverstanden worden. Dennoch bleibt es richtig, seinen Versuch einer politischen Geschichtsschreibung als rückwärts gewandt zu charakterisieren; seine Absicht, mit dessen Hilfe die politisch-soziale Gegenwart des 19. Jahrhunderts zu verarbeiten, musste aus methodischen und inhaltlichen Gründen scheitern, das artikulierten bereits die kritischen Stimmen der Zeitgenossen.[25]

Auch *Friedrich Meineckes* Kritik setzte hier an. In seinem für die Debatten der Weimarer Republik wichtigen Werk «Die Idee der Staatsräson» (1924) setzte sich der Berliner Historiker u.a. mit Treitschkes Auffassung von politischer Geschichte als dem Verhältnis von Staat und Geschichte auseinander. Sein Bewertungsmaßstab lautete: Inwieweit ist es gelungen, «die Welt der Macht und die Welt der Ideen zu vereinigen unter dem Primat der Ideen.»[26] Dies sei zwar das pat-

riotische Ziel Treitschkes gewesen, indem er es aber mit der Idee der Machtpolitik des Staates verbunden habe, widerspreche er sich im Kern selbst. Denn die Aussage, dass das Wesen des Staates Macht sei, könne nicht als sittliche Wahrheit von absolutem Wert, sondern nur als tagespolitisch motivierter Anspruch, als politisches Kalkül gewertet werden.[27]
Diese deutliche Distanzierung Meineckes von einem Politikverständnis, das sich auf den Machtstaat verengt, belegt eine inhaltliche Offenheit der Debatten unter Historikern und Staatswissenschaftlern in der Weimarer Republik, die unabhängig von Distanz oder Nähe zur republikanischen Ordnung zu konstatieren ist. Neben Friedrich Meinecke und dem Berliner Verfassungshistoriker Otto Hintze waren an diesem Austausch so unterschiedlich positionierte Verfassungsrechtslehrer wie Rudolf Smend und Carl Schmitt, Hermann Heller und Hugo Preuß beteiligt.[28]
Auch Meinecke definierte seinen Gegenstand als *Politische Geschichte*: «Sie ist die lebensnächste der historischen Wissenschaften. [...] Wir verstehen unter ihm [dem Begriff des historischen Lebens] das Ineinander von Natur und Kultur. [...] Am intensivsten sehen wir diesen Dualismus wirken im Staate.»[29] Damit benannte Meinecke das Hauptthema seiner Arbeiten seit dem Ende des Ersten Weltkrieges. In seinem zweiten großen Werk zur Ideengeschichte, eben der 1924 erschienenen «Staatsräson», nahm er die zeitgenössisch geführte Diskussion um das Verhältnis zwischen Politik und Moral zum Ausgangspunkt einer historisch

argumentierenden «Theorie der Politik».[30] Staatsräson ist, so Meinecke, ein normatives Prinzip, das in den jeweils konkreten Einzelfällen zwischen den Polen Macht und Moral vermittelnd entscheiden helfen soll. «Zwischen Kratos und Ethos, zwischen dem Handeln nach Machttrieb und dem Handeln nach sittlicher Verantwortung, gibt es auf den Höhen des staatlichen Lebens eine Brücke, eben die Staatsräson, die Erwägung dessen, was zweckmäßig, nützlich und heilvoll ist, was der Staat tun muss, um das Optimum seiner Existenz jeweils zu erreichen.»[31] Mit diesem Verständnis entpersonalisierte Meinecke den Begriff der Staatsräson; noch Treitschke hatte den Staat als handelndes Individuum beschrieben. Stattdessen wurde er durch Meinecke als Organismus, als organische Einheit u. ä. charakterisiert. In diesem Sinne ist Staatsräson nun kein Instrument mehr in den Händen einzelner Politiker, sondern «eine überpersönliche Entelechie, die das Handeln über sich selbst hinausführt.»[32] Deren historische Untersuchung ist «gedankliche Durchdringung und Erfassung der Staatsräson im Wandel der Zeiten.»[33] Sehr strikt unterschied Mcinecke diese Aufgabe von der in seinen Augen blutleeren älteren Ideengeschichtsschreibung: «Diese blasse und verflachende Art genügt uns heute nicht mehr. Ideengeschichte muss vielmehr als ein wesentliches, unentbehrliches Stück der allgemeinen Geschichte behandelt werden. Sie stellt dar, was der denkende Mensch aus dem, was er geschichtlich erlebte, gemacht hat, wie er es geistig bewältigt, welche ideellen Konsequenzen er daraus gezogen hat, gewissermaßen also die Spiegelung der Essenz des Geschehens in Geistern, die auf das Essentielle des Lebens gerichtet sind.»[34]

Anders als die Geschichtsschreibung des späten 18. und frühen 19. Jahrhunderts lehnte Meinecke die Vorstellung einer steten Weiterentwicklung des «Menschengeschlechts» aufgrund des stets zu überwindenden Gegensatzes zwischen Ethos und Kratos ab. In seinem Verständnis konkretisieren sich die Strukturen der menschlichen Geschichte in Gestalt von Individuen, Nationen, Staaten, sie sind die Elemente des historischen Lebens, sie formen die Kultur und sie verfügen über ihre eigenen Werte. Deren Verankerung im Naturrecht oder in überzeitlichen politischen oder Freiheitsrechten wies Meinecke ausdrücklich zurück;[35] die von ihm angesprochenen Werte seien Ergebnisse «des geschichtlichen Gesamtprozesses», der «das große Vorbild und Schatzhaus der Individualität» sei. Damit aber ist der Gegensatz zu Kollektivismus und Positivismus markiert, denn «die moderne westliche Demokratie» beruhe «in größtem Umfange auf positivistischen und kollektivistischen Voraussetzungen».[36]

Festzuhalten ist: Trotz aller Ähnlichkeit der Begriffe sind Konzeption und Inhalt der «politischen Geschichte» bei Treitschke und Meinecke sehr verschieden. Aufgrund seiner Zusammenschau von politischer und Ideengeschichtsschreibung kann Meinecke darüber hinaus nicht auf einen schlichten Etatismus reduziert werden. In ihrer Ablehnung westeuropäischer Traditionen der Ideengeschichte allerdings waren sich beide, wenn auch in unterschiedlicher Intensität, einig.

In diesem differenzierten Forschungsfeld verfolgte der bereits erwähnte *Otto Hintze* eine weitere, eigenständige Linie. Die von ihm seit 1902 bekleidete Professur für «Verfassungs-, Verwaltungs-, Wirtschaftsgeschichte und *Politik*» knüpfte zwar an die von Treitschke an der Berliner Universität begründete Tradition der historischen Politiklehre an, inhaltlich aber setzte Hintze völlig andere Akzente. Diese unterschieden sich zugleich von Meineckes Ideengeschichtsschreibung. «Wir wollen nicht nur die aufgesetzten Ketten und Gipfel, sondern auch den Grundstock des Gebirges, nicht nur die Höhen und Tiefen der Oberfläche, sondern die ganze kontinentale Masse kennen lernen»,[37] so umschrieb er am Ende des 19. Jahrhunderts sein historiographisches Ziel. Hintze lehnte weder die politische als Mächtegeschichte im Sinne Treitschkes noch die politische als Ideengeschichte im Sinne Meineckes ab, ihm ging es um eine «integrative Verfassungsgeschichtsschreibung»,[38] die neben der politischen Ideengeschichte auch den wirtschaftlichen und sozialen Rahmen berücksichtigt, innerhalb dessen Verfassungen entstehen und sich wandeln. Hintze zielte, wie seine Zeitgenossen M. Weber und G. Jellinek, auf die systematische und typologisierende Erfassung von historischen Prozessen;[39] dementsprechend spricht er bereits in seinem ersten Roscher-Aufsatz von 1897 von «realen Typen» der Staatsbildung. Damit waren nicht die aristotelischen Kategorien der Politik im Sinne der älteren Politiklehre gemeint; für sein Ziel der Formulierung einer «modernen Theorie der Staatenbildung» wollte er mit Hilfe des regionen- und epochenvergleichenden Verfahrens alle erkennbaren Faktoren der Staatsbildungsprozesse miteinander verzahnen. Zu diesen zählte er machtpolitische ebenso wie geographische, psychologische ebenso wie wirtschaftlich-soziale Faktoren hinzu.[40] Dadurch, dass Hintze diese Zusammenschau zum methodischen Prinzip erhob, machte er deutlich, dass er die Trennung von Staat und Gesellschaft, wie sie auch von den zeitgenössischen Staats- und Sozialwissenschaften reflektiert wurde, anerkannte und sich in dieser Hinsicht jenseits der älteren Politikgeschichte im Sinne Treitschkes bewegte.

Als Ergebnis seiner Untersuchungen formulierte Hintze sechs verschiedene Typen der Staatenbildung, denen er entsprechende Verfassungsformen zuordnete; beide, «Staatenbildung und Verfassungsentwicklung», stehen in seinem Verständnis in wechselseitiger Abhängigkeit.[41] Die äußeren Bedingungen setzen den Maßstab für die innere Entwicklung, insofern kennt auch Hintze einen Primat der Außenpolitik. Aber im Vergleich zur zeitgenössisch dominierenden Verfassungsgeschichtsschreibung ist sein methodisches Verfahren dynamisch-funktionell und historisch-entwickelnd. Damit setzte er sich vor allem gegen Roschers zwar systematische, aber statische Politiklehre ab.⁴² Die Geschichte der äußeren Staatsbildung unterscheidet Hintze von der eigentlichen Verfassungsgeschichte und zielt damit auf einen Kulturvergleich, der die weltgeschichtlich identifizierbaren Kulturvölker miteinander in Beziehung setzt.⁴³ Der allgemeine Teil einer solchen «politikwissenschaftlichen Verfassungsgeschichte», wie G. Oestreich diesen Ansatz bezeichnete, *einer Wissenschaft der Politik*⁴⁴, sollte v. a. «die philosophischen, d.h. hauptsächlich psychologischen und ethischen Grundlegungen» einer Staatslehre enthalten. Darin sah Hintze die Zukunft einer Wissenschaft von der Politik, die in seiner Charakterisierung zumindest von 1897 «erst im Werden begriffen» sei.⁴⁵ Eine sehr breite Resonanz hatte Hintze mit dieser historisch-soziologischen Politiklehre weder unter den zeitgenössischen Verfassungshistorikern noch unter den Vertretern der jungen Soziologie.⁴⁶ Seine vergleichend angelegten, typisierenden Arbeiten dienten dem Ziel, das Gesamtkonzept einer historischen Politikforschung zu formulieren, um die ältere Politiklehre abzulösen. Weder die Historiker noch die Juristen unter den Verfassungshistorikern zeigten ausgeprägtes Interesse an einer derart umfassenden Perspektive; anders verliefen die Wege demgegenüber u.a. in den USA.

Für die deutsche *Staatsrechtslehre* des beginnenden 20. Jahrhunderts war der politische Umbruch von der konstitutionellen Monarchie zur parlamentarischen

Demokratie eine außerordentliche Herausforderung, auf die sie keineswegs vorbereitet gewesen war. Der Verfassung war in der Staatsrechtslehre die Funktion der Vermittlung zwischen den im Kern geschiedenen Bereichen Staat und Gesellschaft zugemessen worden, wobei Staat mit Politik gleichgesetzt worden war, während die Gesellschaft den Raum der Freiheit von staatlich-politischen Eingriffen markierte. Die Weimarer Reichsverfassung kehrte diese verfassungstheoretisch festgelegten Abgrenzungen um, damit hatte sich die Verfassungstheorie auseinanderzusetzen.[47] Insofern ist der Methoden- und Richtungsstreit in der Rechtswissenschaft, selbst wenn er schon im Kaiserreich begonnen hatte, auch als eine wissenschaftliche Reflexion dieser verfassungspolitischen Umbrüche zu verstehen; methodisch hat er seine Entsprechung im Werturteilsstreit der Sozialwissenschaften.[48] Nicht mehr bewahrende Aufgaben der Separierung hatte die Verfassung wahrzunehmen, vielmehr sollte sie «bei fortdauernder Anerkennung ihrer Verschiedenheit [von Staat und Gesellschaft] als ein positives Verhältnis aus Transformation, Bündelung und Überbrückung beschrieben werden.»[49]

Während u.a. C. Schmitt weiterhin mit erweiterter rechtstheoretischer Begründung an der Trennung von Staat und Gesellschaft festhielt, entwickelte der Berliner Verfassungslehrer *Rudolf Smend* eine andere Akzentuierung. Er gehörte zu der Gruppe von Staatsrechtslehrern, die sich in Ablehnung des vorherrschenden rechtswissenschaftlichen Positivismus der so genannten geisteswissenschaftlichen Methode zuwandte. In Rezeption der Erkenntnistheorie und Gesellschaftskonzeption des Kulturphilosophen Th. Litt verstand auch Smend darunter die Hinwendung der Rechtswissenschaft zu einer ganzheitlichen Sichtweise, deren Öffnung hin zu einer Wirklichkeitswissenschaft.[50] In seinem auch noch nach 1945 breit rezipierten Werk «Verfassung und Verfassungsrecht» (1928) charakterisierte er den Staat als einen «realen Willensverband»,[51] als eine geistige Lebensgemeinschaft aller Menschen. Jener werde erst zum Staat durch die geistige Integration der Einzelnen in ihn: «Der Staat ist nur, weil und sofern er sich dauernd integriert, in und aus den einzelnen aufbaut – dieser dauernde Vorgang ist sein Wesen als geistig-soziale Wirklichkeit.»[52] Diese als Integrationslehre bezeichnete Staatslehre[53] unterscheidet vier Integrationsfaktoren: den persönlichen (Monarch, politischer Führer), den funktionellen (Verfahrensformen wie z.B. parlamentarische Verhandlungen, Wahlakte), den sachlichen (u.a. politische Symbole wie Statuen, Fahnen, Hymnen) und schließlich die Verfassung, die als funktionale Ordnung den Integrationsprozess institutionalisiert. «Die Verfassung ist die Rechtsordnung des Staates, genauer des Lebens, in dem der Staat seine Lebenswirklichkeit hat, nämlich seines Integrationsprozesses.»[54] Damit ordnete er die Verfassung dem Integrationsprozess unter, dementsprechend ist der Staat dem Recht/der Verfassung nicht vorgegeben, sondern immer neu aufgegeben. Der Staat als politische Einheit ist nicht ein-

fach da, sondern muss immer wieder formiert werden. Aufgabe der Verfassungslehre sei es deshalb, die «einzelnen Elemente des positiven Verfassungsrechts [...] daraufhin zu untersuchen, ob und in welcher Weise sie auf den Vorgang politischer Integration einwirke und damit zugleich teilhabe an der Verfassung.»[55]
Indem Smend die aktive Integrationsleistung des Einzelnen hervorhebt und dies auch in seiner Grundrechtskonzeption als positive Gestaltungsaufgabe betont, wird die Neubestimmung des Verhältnisses zwischen Gesellschaft und Staat sichtbar: Die Vielfalt der Gesellschaft wird in den Staat als politische Einheit integriert.[56]

Die Bemühungen der Staatsrechtslehrer, die Verfassung der Weimarer Republik in ein neues Koordinatensystem einzuordnen, wurde von Seiten der *Verfassungshistoriker* sehr genau beobachtet und kommentiert. Insbesondere F. Hartung und O. Hintze verfassten umfangreiche Rezensionen.[57] Während Hintze den Verfassungsbegriff Schmitts als zu wenig historisch argumentierend kritisiert, anerkannte er in Smends Integrationslehre zunächst den sehr wichtigen Versuch «einer neuen erkenntnistheoretischen Grundlegung».[58] Jellineks Statik und Kelsens realitätsfernes Verfassungsdenken sei durch Smends neues Konzept überwunden worden. Dennoch bleibe auch dieser Versuch einer «dynamisch-funktionellen»[59] Interpretation der Verfassung unbefriedigend, denn es fehle

der Blick auf die historischen Entwicklungen des Verfassungs- und des Staatsbegriffs.
Dieses Urteil ist in seiner Schärfe sicherlich überpointiert; und für die Bewertung der historisch-juristischen Verfassungsgeschichtsschreibung bleibt zu konstatieren: Ein gewichtiger Teil der Forschung hatte sich von jener älteren Politiklehre gelöst, die noch in Treitschkes Aristotelesrezeption eine kämpferische Verteidigung gehabt hatte. Das Auseinandertreten von Staat und Gesellschaft und die Dynamisierung der Verfassungsgeschichtsschreibung, die über eine reine Institutionengeschichte hinaus führte, sind wesentliche Elemente der politischen Verfassungsgeschichtsschreibung am Ende der Weimarer Republik gewesen.

1.2 Die bundesrepublikanische Debatte um die Geschichtsschreibung des Politischen seit den sechziger Jahren des 20. Jahrhunderts

Mit skeptischem Stolz verwies H.-U. Wehler in der Einleitung zu einem Sammelband 1980 darauf, dass alle seine Aufsätze im Rahmen einer Auseinandersetzung entstanden seien, die «als eine der großen Grundlagendiskussionen der deutschen Geschichtswissenschaft überhaupt charakterisiert worden» sei.[60] Was diese Kontroverse auszeichnete, war in der Tat eine Öffnung hin zu einer theoriebezogenen Grundlegung der Prämissen und Erkenntnisinteressen der Geschichtsschreibung; in der Sache allerdings war sie verbunden mit einer Borniertheit auf beiden Seiten, die in der Distanz von nunmehr 30 Jahren die Vertreter beider Parteiungen in kein helles Licht stellen. Dabei waren die Anliegen der Kontrahenten durchaus nachvollziehbar und keineswegs so weit voneinander entfernt wie dies seinerzeit behauptet wurde. Der Kölner Neuzeithistoriker A. Hillgruber betonte die Notwendigkeit einer Politikgeschichte, die «die gegeneinander stehenden, einander ablösenden oder sich im Kompromiß zusammenfügenden Intentionen und Zielvorstellungen der Führungsgruppen der Großstaaten und ihrer wichtigsten Repräsentanten vor dem jeweiligen zeitgenössischen Erfahrungshorizont» herausarbeiten soll. Demzufolge stehe die moderne politische Geschichte in enger Verbindung zur Sozial- und Strukturgeschichte, sei aber «kein Derivat von dieser», da sie weitere Elemente der politischen Entscheidungen in ihre Analyse mit einbeziehe, die die Sozialgeschichte aufgrund ihres anderen Ansatzes nicht erfasse.[61] Dem widersprach das Anliegen Wehlers nicht grundsätzlich, das er als Antwort auf Hillgrubers Beitrag formulierte: «Unabdingbare Voraussetzung für den Erfolg einer solchen Politikgeschichte bleibt aber die Klärung des Politikbegriffs und der Erkenntnisziele, der Kriterien für die Qualität ihrer Konzeptionen und die Begründung ihrer Problemauswahl.»[62] Damit bezeichnete der Bielefelder Historiker eine Politikgeschichte, die sich u. a. mit dem Problem der Macht oder der Frage nach der Legitimität politischer Machtausübung oder den Verzahnungen von nationalen und internationalen Entscheidungsprozessen beschäftigt.[63] Der Gegensatz, der

hier zutage trat, lag in der Charakterisierung der politischen Geschichte: Sollte sie gleichberechtigt neben der Sozial- und Strukturgeschichte betrieben werden oder war sie Teil einer umfassenden Gesellschaftsgeschichte? Dieses Problem ist nur scheinbar banal; die Charakterisierung der Politischen Geschichte als Teilmenge war die Konsequenz der Annahme, dass alle Geschichtsschreibung vom Primat der Innenpolitik auszugehen habe. Aber genau diese Annahme lehnte Hillgruber ab. «Der Rückfall in eine dogmatisch einseitige Betrachtungsweise vom ‹Primat der Außenpolitik› wird in der modernen politischen Geschichte ebenso abgelehnt wie die neuerdings propagierte Antithese vom ‹Primat der Innenpolitik›.»[64]
Hillgrubers Anspielung auf eine dogmatische Sichtweise vom Primat der Außenpolitik verwies auf die Fischerkontroverse in den frühen sechziger Jahren der alten Bundesrepublik, in der Gegensätze aufbrachen, die es in den Debatten der Weimarer Republik, wie gezeigt, zwar gegeben hatte, die aber keineswegs dominierten. Unter den besonderen Bedingungen des Wiederbeginns auch der historischen Forschung nach dem Ende des Zweiten Weltkrieges war in der jungen «alten» Bundesrepublik an solche Traditionen angeknüpft worden, die in den westeuropäisch-nordamerikanischen Historiographien keine wichtige Rolle mehr spielten. Einer kurzen Phase der Bemühungen um eine «Revision des deutschen Geschichtsbildes» folgte eine «behutsame Restauration des klassischen deutschen Historismus»,[65] d.h. im Sinne Meinecke-

scher Ideengeschichtsschreibung. Und diese betrachtete Ideengeschichte als Teil der allgemeinen politischen Geschichte, deren Aufgabe die gedankliche Durchdringung der Staatsräson im Wandel der Zeiten zu sein habe.[66] Dieses Verständnis von der Einheit der Geschichte konnte sich ebenso auf L. v. Ranke berufen, so wie es u. a. Ludwig Dehio artikulierte: Eine «Erneuerung des Geschichtsbildes» könne nur in der Besinnung auf Ranke möglich sein. «Ranke hat einen in sich soliden Bau errichtet [...]. Es gilt nicht [,] diesen Bau einzureißen, sondern zu erweitern.»[67]

«Primat der Innenpolitik»?
Die Fischerkontroverse

Der Primat der Außenpolitik war seit Ranke und Droysen unbestritten; seit Beginn des 20. Jahrhunderts konzentrierten sich die Debatten unter Historikern und Juristen darüber hinaus aber auch auf den Charakter von Verfassungen. Denn zur politischen Geschichte zählte, wie skizziert,[68] nicht nur das Gleichgewicht der Mächte sondern ebenso sehr die «politikwissenschaftliche Verfassungsgeschichte», eine historische Staatslehre also, in der das Verhältnis von Macht und Moral (Meinecke) zudem im Kulturvergleich (Hintze) untersucht wurde. Für die meisten Zeitgenossen war es zutiefst irritierend, dass in der Fischerkontroverse dieses traditionale Deutungsmuster durch die Beendigung der bis dahin gültigen Übereinkunft von der Einheit der Geschichte aufgebrochen wurde, denn damit stand die Gleichrangigkeit von Innen- und Außenpolitik zur Debatte.[69]

Die Kontroverse nahm ihren Anfang 1959 in Gestalt eines Aufsatzes des Hamburger Professors Fritz Fischer in der Historischen Zeitschrift; die provozierende Wirkung der Thesen Fischers wurde allerdings erst 1961 deutlich, als sein Buch «Griff nach der Weltmacht»[70] erschien, in dem Fischer nachzuweisen versuchte, dass die deutschen Führungseliten in breiter Front eine expansive Kriegszielpolitik vertreten hätten, ein «Hineinschlittern» in den Krieg[71] also nicht den historischen Tatsachen entspreche. In Einleitung und Schlussbemerkung seiner Untersuchung fügte Fischer hinzu, dass die «Kontinuität des Irrtums», die «permanente Verkennung der Realitäten» keineswegs nur eine Erscheinung der Kriegsjahre gewesen sei, sondern sich weit in die «Wilhelminische Weltpolitik» zurückverfolgen lasse.[72] Die Zuspitzung der Debatten, die auf dem Historikertag in Berlin 1964 ihren Höhepunkt fand, hatte sicherlich auch sehr persönliche und vor allem generationenspezifische Züge. Für die Bewertung der wissenschaftlichen Relevanz der Debatte aber ist dies nur ein Nebenaspekt. Denn die Auseinandersetzung, die im Anschluss an Fischers zweites Hauptwerk, das 1969 erschien,[73] geführt wurde, berührte zwei neuralgische Punkte. Einerseits stritt man über die Mitschuld der deutschen Reichsleitung am Kriegsausbruch;[74] andererseits aber, und das rührte an die Grundprinzipien der historischen Forschung, stritt man über die Notwendigkeit, soziale

und gesellschaftliche Rahmenbedingungen von Außenpolitik in die Ursachenforschung mit einzubeziehen. Die Befürworter dieser Sichtweise[75] beriefen sich auf die Positionen der ausgehenden zwanziger Jahre des 20. Jahrhunderts und erhoben den Primat der Innenpolitik zum entscheidenden Interpretationsmodus für das Verständnis der Außenpolitik. In Wehlers Zuspitzung führte das zu der Aussage, dass der Ausbruch des Ersten Weltkrieges eine Folge der Unfähigkeit der Führungseliten des Kaiserreichs einerseits, der «historisch geprägten Neigung» andererseits gewesen sei, «auf diese inneren Schwierigkeiten mit einer aggressiven Verteidigung zu reagieren.»[76]
Die methodische Konsequenz daraus hieß: Eine politische Geschichte als Geschichte der Beziehungen der großen Mächte, wie sie auch Hintze und Meinecke vertreten hatten, konnte es nicht geben; Geschichtsschreibung umfasste stets die Verzahnung beider Aspekte, deshalb war sie Gesellschaftsgeschichte.

Wie weit reicht die Gesellschaftsgeschichte?
Wehler contra Hillgruber

Es war A. Hillgruber, der in einem Vortrag auf dem Historikertag 1972 in Regensburg den Versuch machte, die politische Geschichte aus jener undifferenzierten Ecke der verstaubten Diplomatiegeschichtsschreibung herauszuholen, in die sie zumindest in der alten Bundesrepublik seit der Fischerkontroverse zu geraten drohte. Politikgeschichte sei nicht allein Diplomatiegeschichte, aber auch nicht allein Geschichte der

internationalen Beziehungen. «Politische Geschichte kann Innen- wie Außenpolitik umfassen. Politisch ist sie deshalb, weil sic das Moment der Entscheidung gegenüber der Vorstellung vom Prozesscharakter der Geschichte betont.»[77] In durchaus zugespitzten Formulierungen skizzierte Hillgruber ein Konzept dreier Grundfaktoren, deren Wechselverhältnis die politische Geschichte ausmachte, deren Analyse und Gewichtung also die Aufgabe derjenigen Historiker sei, die politische Geschichte schreiben wollten. Es sind dies: Machtpolitische Kalkulation, gegensätzliche wirtschaftliche Entwicklungen und unterschiedliche Interessen und Ideen.[78] Alle drei Faktoren besitzen ein Eigengewicht, jeder kann unter bestimmten Bedingungen zur treibenden Kraft werden.
Mit diesem Plädoyer für eine «politische Geschichte in moderner Sicht» hatte Hillgruber, ohne es zu explizieren, den Stand der Forschung wiederhergestellt, der in den Debatten der zwanziger Jahre bereits erreicht worden war. Die sehr einseitige Konzentration auf den Vorrang des außen- bzw. innenpolitischen Primats wurde damit in den Diskussionen der siebziger Jahre abgeschlossen. Wehlers knapp drei Jahre später publizierte Antwort vermerkte diese Differenzierung der Positionen nachdrücklich. Indem er eine nur negative Abgrenzung des Gegenstandes der Politikgeschichte moniert, ist die zentrale Differenz in der Argumentation sichtbar: Wehlers Anspruch an eine wissenschaftliche Geschichtsschreibung ist umfassender, «ganzheitlicher», ihm geht es um die Möglichkeit

theoriebezogener Ursachenforschung, um Erklärung historischer Entwicklungen. Die Notwendigkeit der Zusammenarbeit mit den Sozialwissenschaften ist schon deshalb evident. Angesichts dieser unterschiedlichen Vorstellungen darüber, was Geschichtswissenschaft leisten soll, wird auch die Frage Wehlers nach dem Theoriebezug des Hillgruberschen Konzepts von Politikgeschichte nachvollziehbar. Hillgruber solle zunächst seinen Politikbegriff definieren, solle sagen, welchen Ertrag er von einer solchen Bestimmung des Gegenstandes seiner Forschungen erwarte. Er selbst legte eine solche Bestimmung von Gegenstand und Aufgabe der historischen Forschung in Anlehnung an den Machtbegriff bei Max Weber vor, für welchen er als historiographisches Gesamtkonzept die «Gesellschaftsgeschichte» postuliert.

Wehlers in den folgenden Jahren weiter entwickeltes Konzept einer historischen Sozialwissenschaft geht von einem Begriff von Wissenschaft aus, der sich von demjenigen bei Hillgruber unterscheidet. Der Kölner Historiker selbst hat das nicht geleugnet; aus der Perspektive nach dreißig Jahren ist es keineswegs sicher, welche Konzeption tragfähiger ist. Nur soviel allerdings kann festgehalten werden: Eine Geschichte des Politischen hat Wehler nicht abgelehnt, er hat sie im Gegenteil in ein theoretisches Konzept eingebaut, mit dessen Hilfe ihr Theoriebezug verbessert werden sollte. Hillgruber seinerseits hat dies definitiv nie abgelehnt, vielmehr zeigen seine Ausführungen deutlich, welchen Stellenwert auch er einer theoriegeleiteten

Politikgeschichtsschreibung beimaß. In der Rückschau werden die Gegensätze zwischen beiden Konzeptionen ohnehin deutlich schwächer, als dies die Beteiligten und die Zeitgenossen wahrgenommen haben.

Verfassungsbegriff als politische Entscheidung:
die Juristische Debatte

Die lautstarke Debatte über den Primat der Innen- oder Außenpolitik ließ die Entwicklungen der Verfassungsgeschichtsschreibung in den sechziger und siebziger Jahren zu Unrecht in den Hintergrund treten. Die Kooperation zwischen Juristen und Historikern nahm zwar nach dem Ende des Zweiten Weltkriegs nicht zu, aber sie blieb vorhanden.[79] Im Sinne Hintzes und Smends galt Verfassung als institutionalisiertes Ergebnis politischer Auseinandersetzungen, in diesem Sinne war Verfassungsgeschichtsschreibung politische Geschichte. Diese Auffassung wurde von den beiden Schulen der Rechtswissenschaft geteilt, die sich nach 1945 in der damaligen Bundesrepublik etablierten, der Smend- und der Schmittschule. 1966 formulierte E.R. Huber diese Sichtweise, die stärker als in den zwanziger Jahren von der Vorstellung der Verfassung als «gültige Ordnung» ausging. Es handele sich, so Huber weiter, um ein «Gesamtgefüge geistiger Bewegungen, sozialer Auseinandersetzungen und politischer Ordnungselemente, [um den] [...] Inbegriff von Ideen, Interessen und Institutionen, die sich im Kampf, im Ausgleich und in wechselseitiger Durchdringung jeweils zum Ganzen der Verfassungswirklichkeit einer Epoche verbinden.»[80] Mit dieser Definition arbeitete Huber in seiner mehrbändigen Verfassungsgeschichte, die sich dem 19./20. Jahrhundert widmete. Sie sah er durch einen spezifisch deutschen Verfassungskonstitutionalismus charakterisiert. Selbst wenn E.W. Böckenförde, der in engerer Beziehung zur Schmittschule stand als Huber,[81] dieser Deutung widersprach, änderte das nichts an der gemeinsamen Überzeugung von der Verfassung als institutionalisierter politischer Entscheidung oder Verfahren. Für Böckenförde hatte der Staat die wichtige Funktion der Friedenswahrung wahrzunehmen; die damit erzwingbaren verbindlichen Entscheidungen gaben ihm Legitimität.[82]

Obgleich sich keine wirkliche Debatte zwischen den beiden Schulen entwickelte, wurde zu Beginn der sechziger Jahre doch eine nicht unwichtige Differenz im Staatsbegriff sichtbar;[83] sie war auch eine Differenz in der Auffassung über die Verfassungsgeschichte als politische Geschichte. In der Smendfestschrift von 1962 hatte der Freiburger Professor für Öffentliches Recht, Horst Ehmke, die Grundproblematik des Verhältnisses von Staat und Gesellschaft als Ergebnis einer Loslösung des deutschen politischen und Verfassungsdenkens von den westeuropäischen Traditionen charakterisiert.[84] Dementsprechend seien die modernen Probleme der Staats- und Verfassungstheorie nicht mehr mit diesen inhaltlich festgelegten Begriffen zu beschreiben. Ehmke schlug stattdessen die Rezeption der anglo-amerikanischen Begriffe government und politische Gemeinschaft (civil society) vor. In einer nur knappen Bemerkung widersprach Böckenförde dieser Interpretation mit dem Hinweis, dass Staat und Gesellschaft zwar aufeinander bezogene Teile der einen Realität seien, aber gleichzeitig zwei nebeneinander bestehende Ordnungszusammenhänge blieben: hier der politisch nicht geordnete Bereich der Gesellschaft, dort die hoheitliche Herrschafts- und Entscheidungsgewalt des Staates.[85]

Die beiden Diskussionsebenen zur Reichweite und zum Charakter politischer Geschichte in der vergangenen Bundesrepublik liefen nebeneinander her, ohne dass allzu viel Kenntnis voneinander genommen worden wäre. Lediglich die Orientierung der Smendschule an westeuropäischen Traditionen, die in der Rezeption von nordamerikanischen sozialwissenschaftlichen Theorien auch für die historische Sozialwissenschaft wichtig waren und z.B. Wehlers Urteil von der nachholenden Modernisierung des Kaiserreichs bestärkten, lassen Vermutungen darüber zu, zwischen welchen Gruppen inhaltliche Affinitäten bestanden

2. Nordamerika

Die Forschung zur Geschichte der Geschichtswissenschaft hat wiederholt auf die engen inhaltlichen und institutionellen Beziehungen zwischen der nordamerikanischen und der deutschen Geschichtswissenschaft seit dem Ende des 19. Jahrhunderts bis zum Ausbruch des Ersten Weltkrieges hingewiesen.[86] Das gilt sowohl für die Gruppe der an Rankes Vorbild ausgerichteten so genannten Scientific History als auch für die Gruppe der Progressive History/New History.[87] Letztere lässt sich seit 1900 als eigene Strömung identifizieren, die sich unter dem Einfluss der europäischen Diskussionen um eine verstärkte Integration sozialwirtschaftlicher und kulturgeschichtlicher Aspekte in die historische Forschung bemühte. Während es aber in der europäischen Diskussion zu durchaus harten Kontroversen um die Existenzberechtigung der traditionalen Politikgeschichte kam, blieben die Debatten in den USA zwischen den beiden Historikergruppen sehr dezent. Dennoch waren die Zielsetzungen der Progressive Historians denjenigen der europäischen Kritiker einer traditionalen Politikgeschichte in Europa vergleichbar. Nicht mehr Ereignisgeschichte allein sollte betrieben werden, sondern eine Geschichtsschreibung der Strukturen; die politisch-staatlichen Aspekte sollten zurücktreten zugunsten der sozial-, wirtschafts- und ideengeschichtlichen Aspekte, die in der nordamerikanischen Geschichtsschreibung als Intellectual History stets eine gleichberechtigte Rolle spielten.

2.1. Europäische Traditionen und Progressive Historians

Selbst wenn es in der Debatte zwischen Scientific und Progressive History um eine Schwerpunktverlagerung des Gegenstandes historischer Forschung ging, die derjenigen in der europäischen Geschichtsschreibung um die Jahrhundertwende vergleichbar ist, so müssen doch die methodischen und inhaltlichen Unterschiede festgehalten werden. Zu keinem Zeitpunkt war die politische Geschichte in der nordamerikanischen Historiographie so stark auf den Staat ausgerichtet wie dies für die politische Geschichtsschreibung in Europa galt. Einer der führenden Köpfe der New History, der an der Columbia University lehrende J.H. Robinson, bezog den Wechsel des Gegenstandes stets auch auf die Intellectual History. Ihm ging es um eine «history of the inner man, his range of knowledge, his tastes, his ideas of the world and of himself.»[88] Da sich in seinem Verständnis das in Traditionen verhaftete Denken der Menschen langsamer änderte als die sozialen und politischen Bedingungen, unter denen sie lebten, könne die Intellectual History diese noch wirkenden, aber nicht mehr maßgeblichen sozialen, politischen und religiösen Vorstellungen identifizieren und damit auch zu deren Ablösung beitragen. Damit wurde der Gegenwartsbezug historischer Forschung hergestellt, der allen Progressiv Historians sehr wichtig war. Diese von Robinson praktizierte Verzahnung von Intellectual History, Sozial- und Politikgeschichte war ein Kennzeichen der Progressiv Historians. Vergleichba-

res gab es in der europäischen Geschichtsschreibung der Jahrhundertwende nicht.[89]
Auch Carl L. Becker sah in der Verzahnung von politischer, Verfassungs- und Wirtschaftsgeschichte die Aufgabe der New History. In seiner 1909 veröffentlichten Arbeit über die Rolle der politischen Parteien in der Provinz New York vor dem Ausbruch des Unabhängigkeitskrieges untersuchte er diese einerseits unter dem Aspekt ihres Anteils an den Auseinandersetzungen mit England, andererseits als Aspekt des Kampfes um die politische Macht in den Kolonien selbst. Diese Feststellung beruhte auf sozialgeschichtlichen Untersuchungen der Konflikte zwischen bestimmten Gruppen der Kolonialgesellschaft. In sie waren auch politisch unterprivilegierte Sozialgruppen eingebunden, so dass diese sich erstmals politisch artikulieren konnten. Es habe sich demnach um eine doppelte Revolution, eine politische **und** eine soziale gehandelt.

Ein für die Schule der Progessive Historians charakteristisches Werk ist die 1913 vorgelegte Untersuchung von Ch. Beard über die wirtschaftlichen Rahmenbedingungen der Entstehung der nordamerikanischen Verfassung.[90] Aufgrund der Verzahnung verfassungspolitischer und wirtschaftshistorischer Aspekte fand die Untersuchung großes Interesse. In Beards Interpretation war sie das Ergebnis eines Konfliktes zwischen unterschiedlichen Gruppen mit verschiedenen ökonomischen Interessen, aber ausdrücklich kein Klassenkonflikt;[91] zudem interpretierte er ihn als eine

Auseinandersetzung zwischen den verschiedenen Regionen der kolonialen Gesellschaft. Auf dieser Grundlage war es für ihn nicht schwer, die Verfassungsnormen als historisch entstandene zu charakterisieren, deren Wandelbarkeit auch für die Gegenwart galt.

Das hier skizzierte gemeinsame Anliegen der Progressive Historians führte keineswegs zu einem Bruch mit der traditionalen nordamerikanischen Geschichtsschreibung, aber es zielte auf eine Schwerpunktverlagerung. Statt der Geschichte der großen Persönlichkeiten sollten Strukturveränderungen analysiert werden. Dazu bot sich die Analyse der Ursachen von Verfassungskonflikten des 18.-20. Jahrhunderts an, die nicht in einer einzigen Begründung gesucht wurden, sondern im Zusammenspiel von politischen, rechtlichen, wirtschaftlich-sozialen und Aspekten der Intellectual History. Statt von einer einheitlichen Struktur nordamerikanischer Geschichte gingen die Progressive Historians von deren Vielfalt und Unterschiedlichkeit aus. Und eben deshalb gehört in ihrem Verständnis die politische Geschichte als gleichberechtigter Teil des historischen Prozesses zur geschichtswissenschaftlichen Forschung hinzu. Für diese Historiker‹schule› war die Politikgeschichte «letztlich [...] der Fluchtpunkt».[92] Ob dies aber auch heißt, dass sozial- und wirtschaftsgeschichtliche Aspekte keine gleichberechtigte Rolle neben den politikgeschichtlichen gespielt haben, darf füglich bezweifelt werden.[93] Die Ergebnisse der Forschungen widersprechen dieser Aussage. Sicherlich betonten die Progressive Historians die Diskontinuität des Geschichtsverlaufs stärker als dies die Scientific Historians im ausgehenden 19. Jahrhundert getan hatten. Und die historische Forschung öffnete sich den sozialwissenschaftlichen Nachbardisziplinen, wie Politikwissenschaft, Politische Ökonomie, Rechtswissenschaft, Anthropologie. Nicht zuletzt dadurch wurde allerdings auch die ausschließliche Konzentration auf staatlich/herrschaftliche Ordnungen vermieden.

Im Laufe der zwanziger und dreißiger Jahre des 20. Jahrhunderts wurden die Progressive Historians zur führenden Schule innerhalb der nordamerikanischen Geschichtsschreibung. Der Übergang zu dieser beherrschenden Rolle, die aber andere Positionen nicht ausschloss, hatte sich seit 1914 kontinuierlich und ohne Abgrenzungskämpfe vollzogen, Vertreter unterschiedlicher Gruppierungen arbeiteten problemlos zusammen.[94] Natürlich gab es auch Gegenstimmen und Befürchtungen, wie sie u.a. H.L. Osgood am Ende des 19. Jahrhunderts formulierte: «The political and constitutional side of the subject [= Colonial History] should be given the first place, because it is only through law and political institutions that social forces become in the large sense operative.»[95] Diese früh geäußerte Sorge erwies sich als unnötig, denn die Progressive Historians betreiben eine Geschichtsschreibung der Verfassungsformen, die als Medium und Institution für das Wirken politischer, sozialer, wirtschaftlicher und geistiger Kräfte verstanden wurden.

2.2 New Political History

Die Berechtigung einer eigenständig zu betreibenden politischen Geschichte ist auch in den vierziger, fünfziger und sechziger Jahren in der nordamerikanischen Geschichtsschreibung nie in Frage gestellt worden. Anknüpfend an die differenzierte Betrachtung des Politischen in der Tradition der Progressive Historians erschien der eigene Staat in der Sicht der nordamerikanischen Geschichtsschreibung als nichteuropäisch und das hieß: demokratisch verfasst, nicht in diktatorische Zwänge oder Traditionen eingebunden. Der «American Exceptionalism»,[96] wie dieses nordamerikanische Sonder- und Selbstbewusstsein bezeichnet wurde,[97] fand allerdings dann sein Ende als einerseits sichtbar wurde, dass es vergleichbare Wege der Nationenbildung in Nordamerika und Europa gegeben hat und sich andererseits mit dem Ende des Kalten Krieges Parallelen auch der politischen Normbildung innerhalb eines westeuropäisch-nordamerikanischen Rahmens abzeichneten, die die Unterschiede zu anderen Weltregionen deutlicher hervortreten ließen. Die Geschichtswissenschaft musste sich mit diesen Veränderungen auseinander setzen, dafür waren die traditionell engen Kooperationen zwischen historischen und sozialwissenschaftlichen Fragestellungen hilfreich. Auf diese Weise fanden in den USA die «New Political History» und der «New Institutionalism» zusammen, «which brought historical issues of public policy development into a new position of prominence».[98]

Seit den achtziger Jahren entfernte sich die politische Geschichte allmählich von der Dominanz quantifizierender Forschungen und wandte sich solchen Fragestellungen zu, die sich auf die Möglichkeit der mentalen Prägung der Bevölkerung durch Regierungshandeln oder das Handeln von Nichtregierungsorganisationen bezogen. Das damit verbundene Forschungsfeld, das sich die nordamerikanische Politikgeschichte erschloss, war das der «Policy Formation». Eine der zentralen Fragen, die sich der politischen Geschichte in der Schnittmenge mit der politischen Theorie in diesem Bereich stellte, ist diejenige nach Ursprung, Begründung und Weiterentwicklung des amerikanischen Wohlfahrtsstaats einerseits, der amerikanischen Regierungsinstitutionen andererseits. Daraus entstand ein neuer *Institutionalismus*, als dessen Hauptvertreter Stephen Skowronek und Theda Skocpol gelten können.[99] «The leading scholar in the ‹new institutionalist› *campaign to ‹bring the state back in›* to analyses of politics, Theda Skocpol, combines this expanded, gendered understanding of welfare-state development with her earlier emphasis on state structure to construct the fullest treatment to date of ‹the political origins of social policy in the United States.›»[100] Was sich in dieser Bewegung der Rückbesinnung auf die Rolle des Staates bzw. von Herrschaft darstellt, ist die Konvergenz von politischer und Sozialgeschichtsschreibung, die natürlich auch auf Skepsis stößt. Beide Seiten allerdings sind sich darüber einig, dass es hilfreich ist, sich auf die gemeinsamen Wurzeln der Forschung zu besinnen, insbesondere dann, wenn als gemeinsamer Gegenstand die Untersuchung von Ursprung, Institutionalisierung und Wirkung politischer Macht anerkannt wird. «Interaction was the only way to interrogate power – how it was structured and changed, where it was contested, how it was exerted, what its impact was and what assumptions shaped the discourse that framed it.»[101]

Was für die Verzahnung von politischer und Sozialgeschichtsschreibung zu konstatieren ist, lässt sich seit dem Ende der achtziger Jahre des 20. Jahrhunderts auch für die Intellectual History beobachten. Nicht mehr nur die Frage nach dem «*what* happened in the past but what it *meant* to those we study and what it means to us»[102] beschäftigt die Historiker. Deshalb erscheint die Aussage «we are all intellectual historians now»[103] durchaus nicht banal, sie verweist vielmehr auf eine auch methodische Öffnung in der gegenwärtigen nordamerikanischen Geschichtsschreibung. Die in den siebziger Jahren vorhergesagte Krise der Intellectual History fand nicht statt, die Konzentration auf die Erforschung von Bedeutungsstrukturen hat ihre Wirkung im Gegenteil erweitert. J. Kloppenberg beschreibt diese Wendung als die (Wieder)Entstehung eines tief greifenden Historismus mit dem Ergebnis, dass die Geschichtlichkeit aller Institutionen und Ideen wieder deutlicher wahrgenommen wird. «The historicity of all ideas and institutions, together with the unpredictability of human affairs, is now fairly widely accepted.»[104]

Festzuhalten ist: Die nordamerikanische Forschung hat die Parallelität verschiedener Forschungsrichtungen stets praktiziert, eine einzige, alles dominierende Meistererzählung (Master Narrative) hat es nicht gegeben.[105] Deshalb liegt in der gegenwärtig zu beobachtenden Konvergenz der Sozial- und politischen Geschichtsschreibung und der Intellectual History eine Perspektive, die von den Fachhistorikern positiv bewertet wird. Die Kämpfe um die Dominanz einer einzigen Deutung waren in der nordamerikanischen Geschichtsschreibung nie so ausgeprägt wie in derjenigen der vergangenen Bundesrepublik. Die Einsicht in die Geschichtlichkeit von Institutionen und Ideen führt allerdings nicht zur Rückkehr des Rankeschen Historismus, stattdessen wird die Integrationsfähigkeit verschiedener Sektoren der historiographischen Arbeit wieder sichtbarer. Insofern unterscheidet sich die Debatte in den USA zu Beginn des 21. Jahrhunderts nur graduell von derjenigen in Deutschland; auch hier wird die Frage nach dem eigenständigen Charakter der Politikgeschichte kaum mehr kontrovers diskutiert.

3. England

In allen Debatten darüber, was unter politischer Geschichte zu verstehen sei, wurde der Anteil der Kommunikation über Macht, also der sprachlichen Verarbeitung von Herrschaftsformen und der Wirkung von

Ideen auf die Ausübung von Herrschaft anerkannt. In der deutschen Debatte der Zwischenkriegszeit wurde dieses Anliegen durch F. Meineckes Frage nach dem Verhältnis von Kratos und Ethos artikuliert, in Nordamerika blieb die Frage für die Progressive historians ein Kernstück methodischer Reflexionen.

Dieser Aspekt bleibt für die gegenwärtigen Diskussionen von besonderem Gewicht, er ist aber über die deutsche Debatte hinaus auch für die europäische Geschichtsschreibung der zwanziger bis vierziger Jahre nicht völlig neu. An dieser Stelle war die englische Historiographie jener Zeit stark engagiert; es kann als englischer Beitrag zur europäischen Tradition der historischen Politikforschung beschrieben werden.

3.1. Klassische Ideengeschichtsschreibung

In seinem Eröffnungsbeitrag für das erste Heft des *Journal of the History of Ideas* kritisierte A.O. Lovejoy 1940 die von K. Mannheim vertretene Wissenssoziologie. Einige Vertreter dieser «Sociology of Knowledge», so argumentierte Lovejoy, hielten daran fest, dass «‹the modes of thought› of all individuals are determined by, and therefore relative to, the nature of the social groups to which the individuals belong.»[106] Nachdrücklich wandte sich Lovejoy gegen diese Art des Relativismus in der Diskussion über die Erkenntnismöglichkeiten und die Methoden der Ideengeschichtsschreibung. Sicherlich sei es nicht schwer, einige plausible Erklärungen für nicht traditionales Verhalten von Individuen zu finden, aber es sei um vieles schwerer, solchen reinen Vermutungen adäquate logische Erklärungen zuzuordnen: «to demonstrate the correctness of adequacy.»[107] Wichtig bleibe es deshalb, die Fakten weiterhin angemessen, korrekt und unbestechlich zu interpretieren.[108] Selbst wenn alle Urteile und Erklärungen als Rationalisierungen versteckter Emotionen der zeitgenössischen Schriftsteller erklärt werden könnten, so müssten gerade an dieser Nahtstelle die Verzahnungen beider exakt nachgewiesen werden. Logik bleibt weiterhin der wichtigste Erklärungsgrund für die Ideengeschichtsschreibung. Das heißt nun allerdings nicht, dass Lovejoy das Bild der älteren History of Ideas fortschreiben will, wonach es ein «majestic logical forward movement in history» gebe.[109] Angesichts der Einsicht, wie schillernd die Geschichte des westlichen Denkens war und ist und wie sehr sie sich von den exakten Naturwissenschaften unterscheidet, ist das nicht mehr möglich. Die Ideengeschichte ist keine logische Abfolge von Ideen und Wahrheiten in dem Sinne, dass objektive Wahrheiten sich in rationaler Weise immer höher entwickeln. Aber gerade deshalb müsse am Kern der Aussage der älteren Ideengeschichtsschreibung festgehalten werden: »It must still admitted, that philosophers *do* reason, that the temporal sequence of their reasonings, as one thinker follows another, is usually in some considerable degree a logically motivated and logically instructive sequence.«[110]

Mit seiner Vorstellung von der Existenz eines Kanons

großer politischer Ideen, deren Abfolge in logischen Kategorien beschreibbar blieb, stand Lovejoy nicht allein. In den dreißiger und vierziger Jahren entwickelte sich daraus für England eine Lehrbuchtradition, innerhalb derer ein Kanon von Klassikern behandelt und begründet wurde. Als Leitidee galt die Entfaltung der Verzahnung von Macht und Geist, von Herrschaft und politischer Idee.
In diesen Kontext gehört auch G. H. Sabine, dessen Darstellung «A History of Political Theory» 1937 erstmals erschien. Er charakterisierte politische Ideen als Reflexion praktischer Politik, deren Geschichtlichkeit war demnach unbestritten. Eine Teleologie im Sinne eines bestmöglich zu erreichenden Zustandes gab es auch für Sabine nicht. «Taken as a whole a political theory can hardly be said to be true.»[111] Anders aber als Lovejoy löste sich Sabine von der Darstellung eines Klassikerkanons und ordnete das Gebiet in drei Stadien, deren Zuordnung chronologisch erfolgte.

In der englischen Historiographie ist die Geschichte der politischen Ideen Politische Geschichte, insofern sie eine Wechselwirkung zwischen Idee und politischer Herrschaft annimmt. Nicht an dieser Zuordnung entzündete sich die Kritik seit den sechziger Jahren des 20. Jahrhunderts, sondern an der Annahme eines festen Kanons der Ideen der großen Männer. Es war Q. Skinner, der diese Interpretation in seinem Aufsatz «Meaning and Understanding in the History of Ideas» 1969 in Frage stellte.[112]

3.2 Die Kritik Q. Skinners

Die zentrale Kritik, die Skinner gegenüber der traditionalen englischen Ideengeschichtsschreibung formulierte, war deren fehlender historischer Sinn. Gegen die dominierende Auffassung Lovejoys, der Text sei aus sich selbst verständlich und deshalb sei es Aufgabe der Ideengeschichtsschreibung, die Texte einiger wichtiger politischer Denker zu untersuchen und auf ihre innere Kohärenz zu überprüfen, richtet sich Skinners Abwehr. Die Annahme von «Perennial Problems», von zeitunabhängigen Fragestellungen aller politischen Denker also, führe, so Skinner weiter, zu einem doppelten Problem: zum methodischen Trugschluss einerseits, dass die Lektüre und Interpretation eines «Canon of Major Works»[113] einen ausreichenden Zugang zur politischen Ideengeschichte eröffne; zum inhaltlichen Trugschluss andererseits, dass es einen inhaltlichen Zusammenhang zwischen den Werken der Klassiker des Politischen Denkens gebe, eine Kontinuität der Problemstellungen also, als wären «die größten Köpfe [...] der Philosophiegeschichte [...] durch die Arbeit an einem gemeinsamen Projekt [...] verbunden» und würden «einander auch selbst als Mitstreiter bei diesem Projekt betrachten.»[114] Die Geschichte der historischen Ideen wird auf diese Weise zur Konstruktion einer Metaerzählung, sie wird zu «Gipfelwanderungen [...], bei denen die Interpreten das Gespräch mit den großen Denkern suchten.»[115] Auf diese Weise verliert die klassische englische Ideengeschichtsschreibung ihren Gegenstand, denn sie befindet sich im übertragenen Sinne «jenseits des Textes [...] und [es] versäumt[en] [es], ihn zunächst in seinen historischen und begrifflichen bzw. diskursiven Beziehungen zu analysieren.»[116] Der Vorschlag zur Lösung des Problems ist die Kontextualisierung der Analyse politischer Ideen und Theorien; Skinner versteht darunter die Einbettung jedes Textes in seine historischen Entstehungszusammenhänge und die Identifizierung der sprachlichen Strukturen, innerhalb derer der Text als zeitgenössischer erst zu verstehen ist. Damit schafft er einen sehr eigenständigen Zugang zur Interpretation politiktheoretischer Aussagen: Indem sie auf ihre praktische Verwendung im sprachlichen Austausch (Diskurs) hin untersucht werden, verlieren sie einerseits ihren überzeitlichen Charakter, erlauben aber andererseits die Identifikation des praktisch politischen Verwendungsmodus durch die Zeitgenossen. Dies ist die Situation, in der nach Skinner politische Sprache identifizierbar wird (Political Language). Die Aufgabe heißt «reconstructing political thought as discourse: that is, as a sequence of speech acts performed by agents within a context furnished ultimately by social structures and historical situations.»[117]

4. Italien

Das Verhältnis zwischen politischer und Ideengeschichtsschreibung lässt sich in Italien am Werk *B. Croces* skizzieren. Ebenso wie Meinecke die Ideengeschichte im Deutschland der Zwischenkriegszeit prägte, galt dies für Croce in der italienischen Historiographie; als Kenner auch der Geschichtsschreibung H. v. Treitschkes unterstützte er dessen Sichtweise einer Verzahnung des Politischen mit dem Sozialen, so dass die Politikgeschichte in seinen Arbeiten stets einen unbestrittenen Stellenwert hatte.[118] Ob er allerdings deshalb als Vertreter eines Dominanzanspruches der Geistesgeschichte charakterisiert werden kann, der wie Lovejoy in England oder Perry Miller in den USA eine Geschichte der wesenhaften Ideen und der «Höhenkammliteratur» in der Politiktheorie geschrieben habe, ist nicht so eindeutig zu bejahen, wie dies in der Forschung betont wird.[119]

Croce wandte dem Verhältnis von Politik und Geschichte stets seine besondere Aufmerksamkeit zu. Die Einbindung seiner Geschichtsschreibung in sehr gegenwartsbezogene Fragestellungen war sein erklärtes Ziel. Seinen Marxismusstudien kam für die Differenzierung seines Urteils zur politischen Zeitgenossenschaft des Historikers einige Bedeutung zu.[120] Der Marxschen Analyse sozialer und wirtschaftlicher Zusammenhänge schrieb er die Einsicht in neue Perspektiven für das Verständnis historischen Wandels zu, wies aber die Annahme einer dominanten Rolle, gar die

Anerkennung von sozioökonomischen «Gesetzmäßigkeiten» zurück. Seine Auffassung zum Verhältnis zwischen Ideen und wirtschaftlich-sozialer Macht formulierte er in den dreißiger Jahren des 20. Jahrhunderts: Die Geschichte ist «das Produkt menschlichen Handelns [war], bei dem die Menschen unter den anderen Gegebenheiten auch den ökonomischen Verhältnissen Rechnung tragen mussten».[121] Dem Streben der Menschen nach Freiheit und Unabhängigkeit maß der italienische Historiker aber stets eine gleich große Bedeutung bei, so dass aus der Verzahnung von individuellem Handeln und der Einbindung der Einzelnen in die wirtschaftlich-sozialen Bindungen seine Geschichtsschreibung entstand, die allen Faktoren historischen Wandels eine gleich große Wirkung zumaß. Seine Geschichte Italiens ist eine sehr zeitgebundene Darstellung der innenpolitischen Kämpfe des 19. Jahrhunderts, die sich der eigenen Zeitbindung allerdings sehr bewusst geblieben ist. Den Anspruch nach größtmöglicher «Objektivität» des Historikers hielt Croce ungebrochen aufrecht, eine Haltung, die z.B. F. Meinecke zu diesem Zeitpunkt schon nicht mehr einnahm. «Dieses Buch ist die Skizze einer Geschichte Italiens seit der Vollendung der Einheit. Es will weder Chronik sein – deren gibt es bereits verschiedene – noch in irgendeinem Sinne Tendenzschrift, es soll lediglich versucht werden, die Ereignisse in ihrer objektiven Verknüpfung darzustellen und sie auf ihren eigentümlichen Ursprung zurückzuführen.»[122]

Anders als in Deutschland lassen sich von der politischen Ideengeschichtsschreibung Croces keine intensivierenden Wirkungen auf die Verfassungs- und/oder Begriffsgeschichtsschreibung oder auf die neue politische Ideengeschichtsschreibung der neunziger Jahre nachweisen. Allerdings war die Debatte zu diesen historiographischen Möglichkeiten seit den siebziger Jahren des 20. Jahrhunderts sehr lebendig. Zwei wichtige Zentren dieser Forschungen waren die Universität Trient und das dort angesiedelte italienisch-deutsche historische Institut sowie die Universitäten Bologna und Padua. Insbesondere die aus Deutschland kommende Begriffsgeschichtsschreibung, die in Trient mit einer intensiven Rezeption der deutschen Wirtschafts- und Verfassungsgeschichtsschreibung in Gestalt der Arbeiten von O. Hintze, G. Schmoller und O. Brunner verbunden war, wurde zu einer einflussreichen Schule in der italienischen Historiographie.[123] Begriffsgeschichte diente als Instrument, um die verfestigten, wesenhaften Begriffe der Verfassungsgeschichte und der politischen Theorie zu historisieren. Das Ergebnis war ein «verflüssigter» Begriff von Verfassung, mit dessen Hilfe die Probleme der politischen und institutionellen Prozesse der Einheitsbildung im Italien des 19. Jahrhunderts bearbeitet werden konnten.

Diese politische Ideengeschichte im Sinne der Heidelberger Begriffsgeschichtsschreibung war die eine Richtung der historiographischen Debatten in Italien. In deutlicher Auseinandersetzung mit diesem Konzept entstand eine zweite Richtung, die von einem politisch-philosophischen Ansatz ausging und die Etablierung eines Lexikons der politischen Sprachen im Europa der *Neuzeit* zu erforschen begann.[124] Der zentrale Einwand, der gegen die italienische Variante der Begriffsgeschichtsschreibung formuliert wurde, bestand darin, dass diese einen Geltungsanspruch der Begriffe von der Antike bis in die Moderne formulierte, ohne nachweisen zu können, dass die Schlüsselbegriffe tatsächlich sowohl in der Antike als auch in der Moderne als Grundbegriffe fungierten. Die methodische Lösung, die stattdessen vorgeschlagen wurde, bestand darin, die Begriffsgeschichte auf die moderne Geschichte zu konzentrieren. Dadurch entstanden methodische Varianten und Definitionsprobleme, aus deren Reflexion ein eigenständiges Konzept dieser Schule entstand. Weil Politik in diesem Sinne nicht als ununterbrochene Kontinuität betrachtet werden könne, sei sie auch nicht außerhalb derjenigen zeitlichen Achsen zu analysieren, innerhalb derer sie entstanden sei – zur Zeit der europäischen Religions- und Bürgerkriege. «Modern politics – or rather the system of concepts forged in the doctrines of the social contract in the black hole of the religious and civil wars – consists of a sequence of organisations which is logically and historically determined.»[125]

5. Zusammenfassung

Die Traditionen der nationalen Geschichtsschreibungen bleiben trotz aller Parallelitäten in Europa und Nordamerika verschieden, dementsprechend wirken sie differenzierend fort. Die Frage nach der Relevanz und den Charakteristika der Politikgeschichte in den verschiedenen Historiographien seit der Mitte des 19. Jahrhunderts führt zu einer Antwort, die die Unterschiede betont. Ausgehend von den bemerkenswerten Veränderungen, die die deutsche Historiographie zum Thema durchlaufen hat, lassen sich Verbindungen und Ergänzungen aus der nordamerikanischen, englischen und italienischen Geschichtsschreibung anfügen. Das Ergebnis lässt sich in drei Aspekten zusammenfassen:
– Politikgeschichte ist vielschichtig, eine allseits akzeptierte Bestimmung ihres Gegenstandes ist nicht ohne Probleme möglich. Der Grund dafür ist die sich verändernde Bestimmung dessen, was das Politische sein soll, so wie dies für die deutsche Geschichtsschreibung seit der Mitte des 19. bis in die ersten Jahrzehnte des 20. Jahrhunderts hinein verfolgt werden konnte. Entgegen aller bisher so eindeutig verfügten Zuordnung umfasste Politikgeschichte z. B. bei H. v. Treitschke eine Gesamtschau der sozialen und politischen Welt, weil jene Trennung zwischen Staat und Gesellschaft, die das 19. Jahrhundert konstatierte, von ihm nicht nachvollzogen wurde. Für die Forschung

des beginnenden 20. Jahrhunderts stellte sich die Gegenstandsbestimmung unter einem veränderten Aspekt dar. Wenn das Politische als Umgang mit Herrschaft bzw. Macht definiert wird, dann gehört deren Institutionalisierung in Gestalt von Verfassungen ebenso dazu wie ein Verständnis von Ideengeschichte, das den Zusammenhang von politischem Handeln und politischem Denken zu seinem Gegenstand macht. In der Konsequenz der Arbeiten von O. Hintze und F. Meinecke ebenso wie derjenigen von R. Smend, E.R. Huber und W. Böckenförde sind also Verfassungsgeschichte ebenso wie Ideengeschichte Teil der politischen Geschichte. Die Kooperation der historisch arbeitenden Juristen und der verfassungsgeschichtlich orientierten Historiker hatte inhaltliche Gründe.
– Dieser weite Begriff der Geschichte des Politischen wurde in der nordamerikanischen Geschichtsschreibung des 19. und frühen 20. Jahrhunderts aufgenommen und als politische Verfassungsgeschichte bzw. politische Ideengeschichte / intellectual history bei den Progressive Historians weiterentwickelt. Demgegenüber rückte die englische Debatte in den vierziger Jahren des 20. Jahrhunderts die politische Ideengeschichte sehr stark in den Mittelpunkt des Interesses. Dass damit auch ein Verständnis des Politischen als eines fortschreitenden Prozesses formuliert wurde, der sich ausschließlich den Ideen der großen Denker und deren inhaltlicher Verschränkung widmete, führte zur Gegenbewegung, die sich in der Kritik Q. Skinners artikulierte und bereits in die europäischen Debatten

über das Verhältnis von Sprache und Macht hinüberleitet, die seit den achtziger Jahren ausgetragen werden.
– Die großen Debatten um den Primat der Innen- oder der Außenpolitik, die die Geschichtsschreibung der damaligen Bundesrepublik so nachhaltig bewegt hat, sind angesichts dieser Traditionen und der internationalen Erweiterung des Begriffs der Politischen Geschichte nicht mehr Gegenstand der Forschungen. Im Gegenteil: Das, was für die nordamerikanische Geschichtsschreibung beschrieben werden konnte, der Versuch nämlich, das Politische wieder in eine historisch orientierte Gesamtbetrachtung zu integrieren, ist Anliegen auch der europäischen Historiographien. Angesichts der skizzierten Traditionen ist die Beschreibung dieses Vorhabens als «bringing the state back in» aber irreführend: «der Staat», allgemeiner politische Herrschaft als institutionalisierte Macht, war nie aus der Geschichtsschreibung des Politischen ausgeschlossen worden. Die gegenwärtigen Bemühungen um einen weiteren Blick gehören also in eine vorzeigbare Traditionslinie seit dem frühen 20. Jahrhundert, in der vieles von dem, was jetzt als neue Einsicht charakterisiert wird, bereits formuliert war; die Arbeit kann hier nahtlos anknüpfen.

II. GEGENWÄRTIGE TENDENZEN

Der politische Umbruch von 1989 bedeutete auch für die historisch-politischen Wissenschaften einen gravierenden Einschnitt; sie bemerkten es nur langsamer als die Tagespolitik. Bemerkenswert klar wurde der Wandel am Ende der neunziger Jahre durch einige Zeithistoriker mit Hilfe des Konzepts der «Meistererzählung» reflektiert. Indem sie mit diesem Begriff «die in einer kulturellen Gemeinschaft zu einer gegebenen Zeit dominante Erzählweise des Vergangenen» bezeichneten und betonten, dass jene «also auf die Etablierung und Ablösung hegemonialer Deutungsmuster der Vergangenheit zielt»,[1] ermöglichten sie eine inhaltliche und methodisch-theoretische Debatte zu den Strukturelementen einzelner Meistererzählungen; zugleich ermöglichten sie eine Diskussion über die Voraussetzungen und Rationalitätskriterien, die zur Anerkennung eines solchen «Master Narrative» führten. Schließlich wurde damit auch thematisiert, welches sprachliche Inventar zur Dominanz einer Meistererzählung eingesetzt wurde und welche Formen der Traditionsbildung und Geschichtspolitik mit einer solchen Erzählung verbunden waren.
In dieser Offenheit der Argumentation wurde einer-

seits die Relativierung des «Master Narrative» von der stetig wachsenden Staatsgewalt, die die Modernisierung getragen habe, möglich. Andererseits zeigte sich nun die Chance, die hegemonialen Deutungsansprüche nationaler Historiographien aufzubrechen; und damit eröffnete sich zum dritten die Möglichkeit, über die Tragfähigkeit einer erneuerten Geschichtsschreibung des Politischen in Gestalt u.a. einer politischen Ideengeschichtsschreibung nachzudenken. Es entfaltete sich eine breite Debatte, deren Positionen keineswegs zu einer neuerlichen Meistererzählung geführt haben (und auch nicht sollen), in der sich aber starke Differenzierungen abzeichnen.[2]

1. Grundlagen

Für Friedrich Meinecke war, wie gezeigt, die Ideengeschichte politische Geschichte; diese Charakterisierung war für die Geschichtsschreibung des ausgehenden Kaiserreichs und der Weimarer Republik prägend. Auch die Rezeption in England und Nordamerika wirkte bis in die sechziger Jahre des 20. Jahrhunderts weiter. Nur in der doppelten deutschen Geschichtsschreibung war sie zu den Akten gelegt worden. Hier wurde die ideengeschichtliche Meistererzählung sozialgeschichtlich überformt, die traditionelle Politikgeschichtsschreibung der «großen Individuen» wurde in der Debatte um den Primat des Politischen theoretisch und methodisch weitergeführt. In der Konsequenz waren allerdings auch die historischen Individuen weitgehend aus dem Blickfeld verschwunden, Strukturen dominierten die Darstellungen.[3] Die Kritik daran hatte unterschiedliche Wurzeln, sie ist wiederholt dargestellt worden:[4] neben der kulturanthropologischen Forschung traf auch die in Westeuropa und Nordamerika stets weiter gepflegte History of Ideas / Intellectual History auf Interesse. Wie skizziert, wollte sich diese nicht länger allein mit der Höhenkammliteratur à la Meinecke, Lovejoy u. a. begnügen, sondern die Kommunikation der Zeitgenossen vor Ort, deren Austausch über die Normen und Werte der politischen Ordnungen in der Konkretion des kleinen Konfliktes identifizieren und charakterisieren. Die *Forschungsstrategie* lautete deshalb: «Historisierung der Ideengeschichte durch Kontextualisierung der Texte.»[5] Drei große Stationen lassen sich auf diesem Wege verfolgen, in denen gerade «das Politische» als Aspekt oder Teil einer New History of Ideas (wieder) artikuliert wurde: die Neue Ideengeschichtsschreibung entwickelte sich in Verbindung mit der *Sozialgeschichte der Ideen und der Politik* einerseits, mit der *Begriffsgeschichte* andererseits und aufgrund der Verzahnung von *Ideen- und Diskursgeschichte* zum dritten.

1.1 Sozialgeschichte der Ideen und der Politik

Ein gewichtiger Impuls zur Kontextualisierung ging von der *ideologiekritischen Betrachtungsweise* von Texten aus, die in der historisch-soziologischen Forschung der vergangenen Bundesrepublik insbesondere durch die Frankfurter Schule den Status einer methodischen Meistererzählung erhielt, «eine Art hegemonialer Interpretationshabitus [wurde] kreiert.»[6] Der Versuch, den entwicklungsgeschichtlichen Ort von Texten u.a. dadurch zu bestimmen, dass die Trägergruppen von Ideen und Ideenkomplexen identifiziert werden sollten, erwies sich als schwierig. Denn die sozialhistorische Zuordnung geschah mit Hilfe solcher Kategorien, die den Debatten des 20. Jahrhunderts entstammten, so dass deren Erklärungskraft u.a. für das 16. bis 18. Jahrhundert fraglich war; das Beispiel des inflationären Gebrauchs des Wortes «bürgerlich» z.B. zur Charakterisierung von frühneuzeitlichen Texten belegt die methodische und sachliche Unschärfe des Verfahrens.[7] Deshalb erwies sich die Verbindung mit der Sozialgeschichte der Politik, die nach den *Interessen* der in der Politik agierenden sozialen Gruppen fragte, als ertragreicher. Diese Forschungsrichtung knüpfte methodisch ausdrücklich an Max Weber an und hatte, wie erläutert, seit Beginn der siebziger Jahre die ältere Politikgeschichtsschreibung in der deutschsprachigen Forschung abgelöst, die in langer Tradition die Geschichte des Staates und der Macht als Inbegriff des Politischen in den Mittelpunkt gestellt hatte.[8] Max Webers viel zitierte Verzahnung zwischen Interessen und Ideen in der Geschichtsschreibung bot eine passende Brücke. «Interessen (materielle und ideelle), nicht Ideen, beherrschen unmittelbar das Handeln der Menschen. Aber: Die ‹Weltbilder›, welche durch ‹Ideen› geschaffen wurden, haben sehr oft als Weichensteller die Bahnen bestimmt, in denen die Dynamik der Interessen das Handeln fortbewegte.»[9] Mit jener funktionalen Methode der neuen Sozialgeschichte geriet «das Politische» in eine gegenüber den anderen Teilgebieten historischer Realität ambivalente Stellung. Denn einerseits wurde nunmehr die Abhängigkeit von Politik, Kultur und sozialer Ordnung von den wirtschaftlichen Grundlagen betont, andererseits blieb auch innerhalb der Sozialgeschichtsschreibung die Konzentration auf die Entwicklung staatlich-politischer Ordnungen das gewichtigste Thema.[10] Beides war heftig umstritten, beides aber öffnete neue Forschungsfelder. Die Sozialgeschichte der Politik wandte sich der Untersuchung des Wandels langfristiger Strukturen zu; dazu gehörten vornehmlich Forschungen zur Sozialgeschichte von Organisationen und Institutionen: Unternehmensstrukturen, Industrialisierungsvorgänge, die Geschichte von Parteien, Interessengruppen und Trägergruppen politischer Entscheidungen auch in der Frühen Neuzeit wie diejenige städtischer Eliten, adliger Amtsträger oder gelehrter Juristen bzw. Theologen.[11] Diese Richtung ist von Seiten ihrer eigenen Vertreter als «historische Sozialwissenschaft» bezeichnet worden, ihre dominierende Fragestellung war diejenige nach dem politischen Verhalten und den politischen Organisationen sozialer Gruppen; chronologisch war sie stark konzentriert auf Bismarckzeit und Kaiserreich, eine allmähliche Öffnung bis in das ausgehende 18. Jahrhundert ergab sich aufgrund des international vergleichenden Ansatzes.[12]

Als Maßstab zur Bewertung des Wandels galt auch dieser Schule das als unaufhaltsam charakterisierte «Moderner Werden» politisch-sozialer Ordnungen. Eine «starke [...] Verbindung der ‹neuen› Sozial- und Politikgeschichte mit der Traditionskritik und mit dem politisch-moralischen Erziehungswillen»[13] lässt sich aber nicht nur für die bekannte (deutsche) Sonderwegsdebatte feststellen, die im Blick auf das 19./20. Jahrhundert geführt wurde,[14] sondern ebenso sehr für etliche Forschungen zur Geschichte der Frühen Neuzeit. Deren Charakterisierung als Vorgeschichte der Moderne[15] führte für die Darstellung der Geschichte des 16./17. Jahrhunderts zu einer Konzentration auf die Prozesse der «Staatsbildung», der sozialen und militärischen Disziplinierung sowie der konfessionellen Formierung. In diesem Kontext wurde z. B. Luthers reformatorische Theologie zur Wegbereitung «der Lehre von der Staatsraison» erklärt.[16]

Die Sozialgeschichte der Politik, so lässt sich *hier zunächst resümieren*, trug zur «Historisierung der Ideen» vor allem dadurch bei, dass sie sichtbar zu machen verstand, welche entscheidende Rolle Interessen einzelner Trägergruppen der Politik bei der Umformulierung und für den Wandel von politischen Ideen spielten. «Das Politische» blieb im Zentrum dieser Forschungen, es wurde gleichgesetzt mit formalen Regeln zur Konfliktlösung im öffentlichen Raum und mit den Verfahrenswegen von verfassungs- und sozialpolitischen Institutionen. Anders aber als in der politischen Geschichtsschreibung der Zwischenkriegszeit galt es nicht als dominierendes Feld historischer Realität (so bei aller Differenzierung auch bei Hintze und Meinecke), sondern wurde verstanden als Teil einer Wechselwirkung mit anderen, zumindest gleichgewichtigen Faktoren des historischen Wandels. Der Konflikt um den Primat der Außen- oder Innenpolitik war damit allerdings nicht ausgeglichen, beide Konzeptionen blieben in der konkreten Forschung nebeneinander bestehen.[17]

1.2 Geschichte der politischen Ideen- und Begriffsgeschichte

Ein vergleichbarer Kontextualisierungsversuch von Seiten der *Begriffsgeschichtsschreibung* erwies sich als sehr tragfähig. Begriffsgeschichte, so beschrieb R. Koselleck den methodischen Ansatz, habe die Konvergenz von Begriff und Geschichte zum Thema;[18] deshalb steht sie zwischen einer traditionalen Ideengeschichtsschreibung und einer Geschichtsschreibung, die die Ideen als Reflex des Wandels materieller Entwicklungen identifiziert. Gerade der von der Begriffsgeschichtsschreibung intensiv in den Blick genommene soziale Wandel seit der Mitte des 18. Jahrhunderts – die berühmte Sattelzeit – war ein Wandel auch der politisch verfassten Ordnungen; Begriffe wie Politik, Konstitution, Macht, Herrschaft waren Schlüsselbegriffe zum Verständnis dieser epochalen

Veränderung. Konsequenterweise führte die Historisierung der Texte zur Historisierung des Verfassungs- und Politikverständnisses.
In dem mehrbändigen Werk «Geschichtliche Grundbegriffe. Lexikon zur politisch-sozialen Sprache in Deutschland»[19] liegen die Ergebnisse dieser Forschungen zur Entstehung und Durchsetzung von Epochen prägenden Begriffen vor, wie sie von R. Koselleck, W. Conze und O. Brunner in Deutschland seit den ausgehenden sechziger Jahren des 20. Jahrhunderts entfaltet wurden und die historiographische Landschaft in Europa nachhaltig geprägt haben. Aufgrund ihrer akademischen Herkunft verbanden die Herausgeber drei Traditionen deutschsprachiger Geschichtsschreibung aus der Zwischenkriegszeit;[20] Koselleck stand für die Gadamersche Philosophie und Hermeneutik, Conze für die sozialgeschichtliche Variante der Volks- und Landesgeschichtsschreibung und Brunner für jene Verfassungsgeschichtsschreibung Alteuropas, die mit der Betonung der Zeitbindung der Begriffe das unhistorische Verfahren der Verfassungsgeschichtsschreibung des 19. Jahrhunderts herausgearbeitet hatte.[21] Für alle drei war unabweisbar, dass begriffsgeschichtliche Forschung den Stellenwert von Sprache für die Konstitution und die Veränderung historischer Realität zu artikulieren habe, denn «der Wandel der sozialen Wirklichkeit [schlägt] sich semantisch in bestimmten Leitbegriffen der politisch-sozialen Welt [nieder].»[22] Damit war, ohne dass dies in den methodischen Reflexionen Erwähnung gefunden hätte, eine der zentralen

Fragestellungen der historischen Forschung vom Anfang des Jahrhunderts wieder aufgenommen worden. Denn Kontextualisierung der Texte bedeutete nichts anderes, als jener Frage nach dem Zusammenhang von Ideen und Realität, von Geist und Macht, Ethos und Kratos und der Möglichkeit ihrer wechselseitigen Prägungen nachzugehen. In Absetzung von der älteren Geistes-/Ideengeschichte betonten Koselleck, Conze und Brunner als neues Element ihres begriffsgeschichtlichen Zugriffs die Möglichkeit, den Wandel sozialer Ordnungen als *zielgerichteten* im Sinne der Modernisierungstheorie («von Alteuropa in die Moderne») am Wandel bestimmter Schlüsselbegriffe nachzuvollziehen. Für sie stand deshalb nicht der einzelne Sprecher (Textproduzent) im Mittelpunkt, sondern die Vielzahl der Sprechenden, die überindividuellen Strukturen mithin, unter denen Sprache entsteht und sich wandelt.[23]

Einer der Schlüsselbegriffe der «Geschichtliche[n] Grundbegriffe» war *«Politik»*. Er war es von der Antike bis in die Gegenwart; die Kritik an der begriffsgeschichtlichen Methode, wonach sich die Auswahl der Schlüsselbegriffe nicht an den zeitgenössischen Diskussionen orientiert habe, sondern an den Forschungsinteressen der Historiker, trifft auf diesen Begriff also vordergründig kaum zu. Aber war damit jeweils ein stets gleich bleibender Inhalt, eine unveränderliche Bedeutungsebene verbunden? Dies wird nicht bejaht werden können und insofern stellt sich das Grundproblem der begriffsgeschichtlichen Forschung auf einer anderen Ebene weiterhin: Das Verhältnis von Begriffsgeschichte und Begriffsentstehungsgeschichte ist zu klären.[24]

Aufgrund ihres methodischen Zuschnitts nimmt die Begriffsgeschichtsschreibung die *Entstehung von Begriffen*, das Sprechen über komplexe Konflikte, in denen Begriffe sich formen, nicht in den Blick, diese Schichten der Realität kommen nur ausschnitthaft oder in einer traditionalen ideengeschichtlichen Betrachtungsweise in den Blick.[25] Das gilt auch für die Geschichte des Begriffs «Politik». So ist dessen Einbindung in die aristotelische Tradition in der Frühen Neuzeit unbestritten; die Fixierung der Forschung auf die Begriffe politicus, politica, prudentia civilis und deren semantisches Umfeld aber verhinderte die Einsicht, dass praktisch-politische Konflikte zur Differenzierung des Politikverständnisses erheblich beitrugen und neue Wortfelder im Kontext der Debatte um die Legitimität von Politik entstanden. Die Texte, die für diesen Teilaspekt als Beleg herangezogen wurden, blieben deshalb, entgegen der Absicht der Begriffsgeschichtsschreibung, fast ausschließlich dem gelehrten Diskurs verhaftet, andere Aspekte der zeitgenössischen Debatten, insbesondere die Beziehung zwischen Religion und Politik, blieben unberücksichtigt. Für die Frühe Neuzeit wurden die so gewichtigen Debatten um Gegenwehr und/oder Notwehr kaum wahrgenommen, innerhalb derer sich seit der Mitte des 16. Jahrhunderts Herrschaftsbegründungen artikulierten. Nach diesem Verständnis galt Politik nicht

in erster Linie als Machtausübung, vielmehr als deren Begrenzung durch Herrschaftsteilung.
Damit rückt die Verfassungsgeschichte in den Blick, also jene Tradition, die u. a. O. Hintze und R. Smend in ihrer Verbindung zur Politikgeschichte in der Zwischenkriegszeit entfalteten. Verfassung war danach Bestandteil jener klassischen politischen Geschichtsschreibung, der es um die Analyse von Institutionen und politischen Verfahren ging. Diese Ausprägung der Politikgeschichte hat sich die Begriffsgeschichtsschreibung umstandslos integriert, für sie stellt sich Verfassung dar als ein historisches Phänomen, das weit über den geschriebenen Text und die Institution hinausreicht. Damit eröffnet sich eine Anschlussmöglichkeit an den, derzeit vornehmlich in den Politikwissenschaften diskutierten, neuen Zugang zur Erforschung des Politischen: die *Geschichtsschreibung der Institutionen*. Für sie stehen politische Institutionen mit regulierender und integrierender Funktion im Mittelpunkt des Interesses. Die Geschichtsschreibung des Politischen ist auch Geschichte politischer Institutionen.

1.3 Politische Kommunikation, historische Semantik und Diskursgeschichte

Die Rede vom Diskurs bestimmt die historische Forschung seit den frühen siebziger Jahren des 20. Jahrhunderts. Vielfach wird der Begriff dort verwendet, wo bislang von Textanalyse die Rede war. Von diesem

sehr modischen Allerweltsgebrauch setzt sich die doppelte Verwendung des Diskursbegriffes innerhalb der historischen Politikforschung ab.
Die Kategorie des Diskurses spielt im Werk von J. Habermas eine entscheidende Rolle; bekanntermaßen handelt es sich um einen *normativen Diskursbegriff*, Kommunikation findet als freiwillige, rationale statt, um strittige Geltungsansprüche miteinander auszutragen.[26] Diskurs in diesem Sinne hat eine politische Funktion: Auf der Grundlage allgemein verbindlicher Normen werden rationale Entscheidungen zum Ausgleich gegensätzlicher Interessen möglich. Die Diskurstheorie des demokratischen Rechtsstaates ist z. B. ein solches Ergebnis rationalen Aushandelns. Sein so charakterisiertes Verständnis von Diskurs dient Habermas als Grundlage seiner Theorie der Politik.[27]
Anders als im normativ gebrauchten Diskursbegriff bei Habermas umfasst der als «*analytisch*» bezeichnete *Diskursbegriff* zunächst nichts anderes als die fortwährende *sprachliche Erzeugung von Bedeutung*. Damit aber wird zugleich betont, dass es keine zeitlose Dauerhaftigkeit von Verfassungen, von Normen oder Institutionen gibt, keine Wesenheit des Politischen, auf die immer wieder Bezug genommen werden könnte. Diese Auffassung von Diskurs begegnet bei M. Foucault und anderen französischen Theoretikern der Politik. Jene Einsicht in die historische Wandelbarkeit aller Diskurse über das «normale» Verhalten oder das «notwendige» Handeln sind für die Untersuchung politischer Ordnungen/Institutionen von großer Be-

deutung. Hier schließt sich eine Theorie politischer Diskurse an, die auch für den Raum des Sozialen Geltung beansprucht, d.h. «hegemoniale Prozesse des in-Beziehung-Setzens sozialer und politischer Kräfte werden als im Wesentlichen diskursive Prozesse verstanden» (E. Laclau und C. Mouffe).[28] Beide Theoretiker kommen zu der Definition von Diskurs als eines Phänomens, das Bedeutungsstrukturen ausbildet, ohne dass diese endgültig oder für immer fixiert werden könnten. Damit lassen sich *etliche politische als diskursive Phänomene* verstehen, u.a. dasjenige der Repräsentation (Subjekte oder Institutionen werden zueinander in Beziehung gesetzt) oder der Hegemonie (ein komplexer diskursiver Prozess, in dem die Vorherrschaft bestimmter Deutungsmuster und die Führerschaft von bestimmten Gruppen miteinander verzahnt ist).

Hier kann der kontextbezogene Ansatz der so genannten *Cambridge School* mit seiner doppelten Zielsetzung anknüpfen. Einerseits geht es beiden Protagonisten, Q. Skinner und J.G.A. Pocock, darum, den Zusammenhang von politischer *Theorie* und politischem *Handeln* herauszustellen; andererseits geht es beiden um eine dichte Berücksichtigung der sozialpolitischen Kontexte, innerhalb derer bestimmte Theoriedebatten entstehen und geführt werden. Dass diese Dimension vernachlässigt worden sei, ist die schärfste Kritik, die Skinner und Pocock an der europäischen Forschung zur Geschichte der politischen

Ideen geübt haben. Kritische Beobachter der europäischen Debatte betonen, dass diese Zielsetzung der Cambridge School einige der Schwächen der deutschen Begriffsgeschichtsschreibung auszugleichen in der Lage sei.[29]

Basis der politischen Theorie bei *Pocock* ist die praktische Politik.[30] In seinem Verständnis geraten die politischen Theorien keineswegs nur innerhalb von Krisenzeiten in die Diskussion, sondern ebenso sehr vor dem Hintergrund lang wirkender Traditionen.[31] Pocock ist nicht an einem abstrakten Zugang zur politischen Ideengeschichte interessiert, sondern an einem spezifisch historischen Verständnis, für das der gesellschaftliche Kontext unverzichtbar ist. Die großen und kleinen Erzeugnisse der politischen Ideengeschichte sind zu verstehen als Reaktionen auf externe Entwicklungen (soziale, politische, religiöse) oder auf Veränderungen innerhalb des politiktheoretischen Diskurses selbst, alle Reaktionen aber verbleiben zunächst im Rahmen der vorhandenen Traditionen. Solche traditionsgebundenen Wandlungen zeigen sich dem Historiker in «politischen Sprachen»; Pocock hat einen solchen Vorgang für das 15. bis 18. Jahrhundert als «Machiavellian Moment» bezeichnet und beschrieben.[32] Damit meint er die Tatsache, dass es im spätmittelalterlichen und frühneuzeitlichen Europa festgeschriebene, von allen verstandene Muster gab, mit deren Hilfe das benannt wurde, was als Republik und als die Teilhabe der Bürger in dieser Ordnungsform zu gelten hatte. In seiner Interpretation ist die Diskussion des Machiavelli und seiner Zeitgenossen das Vorbild, der Maßstab gewesen, an dem sich die Debatten der nachfolgenden Jahrhunderte ausrichteten und allmählich veränderten. Diese Orientierungen nennt er «political languages», politische Diskurse.[33] «Pocock saw the primary interpretive task of the historian as that of identifying and reconstructing the languages in which politics had been discussed and their mutation over time.»[34] Diese politischen Sprachen bilden eine eigene Grammatik, ein eigenes Vokabular aus, auf deren Identifikation sich die Geschichtsschreibung der politischen Ideen konzentrieren soll. In Anlehnung an den Sprachphilosophen F. Saussure unterscheidet auch Pocock ein System der politischen Sprache (langue) von konkreten einzelsprachlichen Äußerungen (parole).

Ebenso wie Pocock kritisierte *Q. Skinner* die traditionale Ideengeschichtsschreibung scharf.[35] Sie folge dem Mythos einer Doktrin, wonach wesenhafte Eigenschaften politischen Denkens existierten; sie verfolge zudem den Mythos der Kohärenz, wonach die Werke politischer Theoretiker ein in sich geschlossenes System bildeten; sie unterliege schließlich einem Anachronismus, weil sie die Bedeutung eines Autors mit den Maßstäben der Gegenwart messe.[36] Gegen diese traditionale Intellectual History setzte Skinner, wiederum Pocock vergleichbar, sein eigenes Konzept einer kontextbezogenen Darstellung des politischen Denkens einer bestimmten historischen Zeit. Zu betrachten sei nicht die berühmte «Höhenkammliteratur», sondern vielmehr die Debatten vor Ort, die Debatten der Vielen in den konkreten Konflikten.

Das Studium der Texte im Kontext soll es ermöglichen, die jeweiligen Absichten der Autoren bei der Formulierung ihrer Texte zu entziffern: «[...] to place such texts within such contexts as enable us in turn to identify what their authors were *doing* in writing them.»[37] Diese Betonung des Handlungsaspektes ist für Skinners Konzept von besonderer Bedeutung, sie findet sich auf der Ebene der Sprache wieder, wenn er Sprachbedeutung (meaning) vom Handeln durch Sprache (linguistic action) unterscheidet. Die der Sprache eigene Handlungsdimension erschließt Skinner im Anschluss an die Wittgensteinsche Sprachphilosophie und die Sprechakttheorie Austins und Searles: «words are deeds». Gegenstand seiner Untersuchung sind deshalb nicht Einzelbegriffstudien, sondern Muster der Argumentation, Argumentationsketten, schließlich Begriffsentstehungsgeschichte.[38]

Diese kontextbezogene Untersuchung von Texten der politischen Debatte dient der Identifikation von Verbindungen zwischen Texten, die in vergleichbaren Konfliktbedingungen entstanden sind. Deren Benennung bezeichnet Skinner als Aufdeckung von «Ideologien»; sie verfügen über ein eigenes Vokabular und können der Rechtfertigung von politischen Handlungen dienen.

1.4 Zusammenfassung

Die knapp skizzierten Wege der Historisierung der Ideengeschichtsschreibung treffen sich wiederholt, ihre Tragfähigkeit wird in der gegenwärtigen Forschung in verschiedenen Kombinationen getestet. Bezüge zur theoriegeleiteten Politikgeschichte der siebziger Jahre des 20. Jahrhunderts gibt es ebenso wie Bezüge zur politischen Geschichte als Verfassungs- bzw. Institutionen- und als Ideengeschichte. Das neue Element, das sich in der Debatte um historische Semantik und die Bedeutung von historischer Kommunikation bzw. Diskursen hinzugesellt hat, lässt sich angesichts der Vielfalt der Begriffe nur schwer bündeln. Hier erscheint die Formulierung des Politikwissenschaftlers K. Rohe hilfreich, der die Situation dadurch gekennzeichnet sah, dass es um die Wahrnehmung einer weiten Dimension des Politischen gehe, die er als *politische Kulturforschung* beschrieb: «[...] politische Kultur ist ein mit Sinnbezügen gefüllter Rahmen, innerhalb dessen sich die durch Interessen geleitete politische Lebenspraxis handelnder, denkender, fühlender Akteure vollzieht.»[39] Im Anschluss an M. Weber identifizierte Rohe den Begriff der «Sinnbezüge» mit dem Begriff der «Weltbilder», die aber, und hier geht Rohe über M. Weber hinaus, sowohl einen sichtbaren Ausdruck finden als auch «sinnfällig» sein müssen. «Die ‹Ausdrucksseite› von politischer Kultur, die bislang nur als Zugang zur Inhaltsseite betrachtet wurde, besitzt Eigenbedeutung und bedarf einer besonderen Analyse. Man muss nicht nur das *was*, sondern auch das *wie* eines politischen Weltbildes untersuchen. [...] Deshalb bedarf die obige provisorische Definition einer Ergänzung in der Weise, dass unter politischer Kultur ein mit anderen geteiltes politisches Weltbild zu verstehen ist, das einen sichtbaren Ausdruck gefunden hat. [...] Politische Kultur ist politischer Sinn, der auch sinnenfällig werden muss.»[40]

Mit dieser Definition wird das umfasst, was eingangs als Historisierung der politischen Ideengeschichtsschreibung bezeichnet wurde. Sie ist Teil einer politischen Geschichte, für die die Verzahnung von «Ausdrucksseite» und «Innenseite» konstitutiv ist, so wie dies in der Verfassungsgeschichtsschreibung der zwanziger Jahre bei O. Hintze und R. Smend bereits formuliert worden war. Die Erforschung der «Sinn gebenden Weltbilder» ist identisch mit der Erforschung der politischen Ideen in den methodischen Varianten, die die Begriffsgeschichtsschreibung ebenso anbietet wie die Cambridge School.

Der gegenwärtigen Vielfalt von Bezeichnungen, die diesem Forschungsfeld zugeordnet werden können, entspricht keineswegs eine Vielfalt in der Sache! Historische Analyse der politischen Kultur, Kulturgeschichte des Politischen, Kulturgeschichte der Politik, historische Politikforschung[41] – mit allen Umschreibungen ist ein gemeinsames Anliegen bezeichnet, dessen Traditionen in die frühen Jahrzehnte des 20. Jahrhunderts zurückreichen und für dessen Bearbeitung die Inte-

gration reflektierter begriffsgeschichtlicher Ansätze ebenso notwendig ist wie diejenige der historischen Semantik und der Theorien historischer Kommunikation. In der gegenwärtigen Debatte besteht weitgehende Übereinstimmung darüber, dass «Politik die Dimension ist, in der die fundamentale Ordnungsproblematik verhandelt wird, die allen sozialen Verbänden zu Eigen ist.»[42] Diese Ordnungen aber müssen durchaus nicht immer staatliche sein, sie können auch ohne diese Institution aktiv sein. Wichtig ist, so Mergel den Diskussionsstand zusammenfassend, «dass diese ‹verhandelt› werden müsse.»[43]
Weil Politik in diesem Sinn ein kommunikativer Raum ist, ist dessen Füllung in den einzelnen historischen Phasen durchaus unterschiedlich. Die Sichtung der gegenwärtigen Forschungen belegt diese Aussage.

2. Konkretionen: Historische Politikforschung

In den letzten Jahren fand in der englischen Geschichtsschreibung eine Annäherung «between the discursive approach to politics […] and the high political treatment of politics as an enclosed […] game» statt, so dass einprägsam von einem «Political Turn» in Parallele zum «Linguistic Turn» gesprochen wird.[44] Eine solche Gleichzeitigkeit der Entwicklung ist in der deutschen historischen Politikforschung nicht zu beobachten. Stattdessen werden tragfähige Traditionen der Verfassungs- und Ideengeschichtsschreibung wieder aufgenommen und eigenständig weitergeführt, was auch zu Diskussionen über die Verwendung des Begriffes «Politik» oder «das Politische» geführt hat.[45] Die theoriebezogene Politikgeschichte der siebziger Jahre besteht parallel dazu, Konflikte werden ausgetragen.[46] Der Streit geht darum, ob Politik als Begrenzung auf Entscheidungshandeln politischer Führungsgruppen oder aber als Kommunikation über Herrschaft zu definieren ist, die über den Diskurs hinaus auch in Gestalt von Symbolen und Repräsentationen identifiziert werden kann.[47] In der Forschung zu den einzelnen Epochen sind diese Konstellationen unterschiedlich dicht entfaltet.

2.1 Der Ordogedanke in der Frühen Neuzeit

Ein gewichtiger Grund dafür ist die in der *Frühneuzeit* weiterhin enge Verzahnung von Politik und Religion. Denn bei aller Anerkennung der allmählichen Neutralisierung des Konfessionellen in den zwischenstaatlichen Entscheidungsprozessen blieb die Einheit des Geistlichen und des Weltlichen unbestritten; die Entschlüsselung einer derartigen «politischen Theologie» bzw. «theologisierten Politik» war für den Frühneuzeithistoriker stets nur mit Hilfe der historischen Semantik möglich.

2.1.1 Notwehrdebatte und Drei-Stände-Lehre

Anschaulich sind die im Umkreis der Reformation entfalteten Debatten über die *Ordnung der politica christiana*, innerhalb derer eine Wiederbelebung der Drei-Stände-Lehre einerseits, eine Intensivierung der Notwehr- und Widerstandsdebatte im Protestantismus andererseits stattfand. Seit dem Frühen Mittelalter (11./12. Jahrhundert) war die Drei-Stände-Ordnung als trifunktionales Gesellschaftsmodell bekannt. Die Forschung hat gezeigt,[48] dass dieser Deutung sozialer Wirklichkeit keineswegs eine «objektive» Realität entsprach, es sich vielmehr um die Zuschreibung der drei Grundfunktionen alteuropäischer Gesellschaften (Beten, Kämpfen, Arbeiten) an bestimmte soziale Gruppen handelte. «In seiner methodischen Verknüpfung mittelalterlicher Texte mit ihren jeweiligen [...] Kontexten [...] kann Dubys Arbeit geradezu als das Musterbeispiel einer historischen Diskursanalyse bezeichnet werden.»[49] Die Frage nach Anfängen und Ursprüngen des Schemas ist nicht abschließend beantwortbar, denn jeder Diskurs ist in Traditionen eingebunden, die selektiv aktiviert werden können.[50] Für den Historiker ist es allerdings von Interesse, warum das trifunktionale Schema unter bestimmten historischen Bedingungen wieder belebt wird, so auch im Umkreis der Reformation. Die Forschungen dazu sind differenziert, bemerkenswert ist die Präsenz des Schemas sowohl in den innerstädtischen Konflikten der zweiten Hälfte des 16. Jahrhunderts, in denen es um das Verhältnis zwischen Rat, Bürgergemeinde und neuer protestantischer Geistlichkeit ging, als auch in Predigten, theologischen und juristischen Druckschriften aus dem gleichen Zeitraum.[51] Offensichtlich diente das

Drei-Stände-Schema in einer Phase politisch-konfessionellen Umbruchs als Modell zur Wiederherstellung und/oder Sicherung des gesellschaftlichen und konfessionellen Friedens. In den Stadtkonflikten bekam es als Modell stadtbürgerlicher Ordnung politische und theologische Legitimation, denn dem Gleichgewicht der drei Stände lag die Grundnorm christlichen Zusammenlebens als Bewahrung der Schöpfungsordnung zugrunde. Und jenes Postulat des Gleichgewichts zwischen den Ständen/Ämtern schloss an das Konsensideal politischer Entscheidungsfindung in den Städten Alteuropas an. Damit hatte der aktuelle Anspruch auf Bewahrung der gemeindlichen Teilhabe gegenüber aristokratischen Herrschaftsansprüchen des Rates einen legitimen Anknüpfungspunkt. Für die neu entstehende Sozialgruppe evangelischer Geistlichkeit stellte das Modell eine angemessene Integrationsmöglichkeit in die Bürgergemeinde dar, die politische und religiöse Gemeinschaft zugleich war. Mit dem Anspruch, das Gleichgewicht der Stände / Ämter zu wahren, weist die Wiederbelebung der Drei-Stände-Lehre in die gleichfalls zeitgenössisch höchst aktuelle Debatte um das Recht, einer Herrschaft, die das Gleichgewicht nicht wahrt und z. B. in das Amt einer der beiden anderen Stände eingreift, Widerstand zu leisten bzw. Notwehr zu üben.

Gerade die *Notwehrdebatte* ist ein Musterfall für die Entstehung und Differenzierung einer politischen Sprache. Seit der Gründung des Schmalkaldischen Bundes 1530 führten protestantische Juristen und

Theologen eine sich wechselseitig tragende Debatte über die Aufgaben des Herrscheramtes und die Legitimation eines Notwehr-/Widerstandsrechts, mit dem sich der Anspruch auf ein Recht zur Obrigkeitskritik verband.[52] In beiden Gruppen gab es Verteidiger und Kritiker eines monarchisch bestimmten Amtsverständnisses des Kaisers, daran entzündete sich die Debatte weiter. Im Verständnis der Theologen ist weltliche Obrigkeit von Gott eingesetzt, zugleich hat sie einen Schutzauftrag, der dazu verpflichtet, die Guten zu schützen und die Bösen zu strafen. Erfüllt sie diese Aufgabe nicht, so ist die Grenze für eine Gehorsamspflicht ihr gegenüber erreicht: Die Obrigkeit wird zur gottlosen, unchristlichen Obrigkeit, die damit aufhört, Obrigkeit zu sein. Ihr gegenüber gibt es keine Gehorsamspflicht mehr, u. U. ist es sogar die Pflicht der Untertanen, die Schöpfungsordnung wieder herzustellen und die Obrigkeit ihres Amtes zu entsetzen. Seit dem Ende der dreißiger Jahre des 16. Jahrhunderts verknüpfte der Reformator Ph. Melanchthon diese Argumentation mit der naturrechtlichen Legitimation herrschaftlicher Ordnung, wonach die Obrigkeit zum Schutz beider Gesetzestafeln verpflichtet ist (utriusque tabulae). Seit der Mitte der vierziger Jahre schließlich wurde diese Kette der Argumente noch verstärkt durch den Hinweis auf die Parallelität des Elternamtes und des Amtes der Obrigkeit, wodurch deren Fürsorgepflicht gegenüber den Schutzbefohlenen begründet wurde. Sollte eine Obrigkeit Gesetze vollziehen, die gegen diese Schutzpflicht als Ausdruck des natürlichen und also göttlichen Rechtes verstießen, so missachtete jene selbst das erste Gebot; die Gehorsamspflicht gegenüber einer solchen pflichtvergessenen, tyrannischen Obrigkeit war aufgehoben.

In der wechselseitigen Argumentation zwischen Theologen und Juristen präzisierte sich sehr rasch eine unterschiedliche Struktur theologischer und juristischer Wissensbestände, die kommuniziert wurden, ohne dass es damit zu einer gemeinsamen Position gekommen wäre. Beide Gruppen gingen zwar von der Existenz eines Naturrechtes aus; im juristischen Verständnis gab es deshalb ein natürliches «Recht der Selbstverteidigung», das der römisch-rechtlichen Tradition entstammte. Demgegenüber gingen die Theologen von einer natürlichen göttlichen Ordnung, der Schöpfungsordnung, aus, innerhalb derer ein Recht der Notwehr gegenüber einer unchristlichen und damit tyrannischen Obrigkeit begründet ist. Einige Teilnehmer an dieser politischen Kommunikation führten beide Stränge der Legitimation von Notwehr-/Widerstandsrecht zusammen und formulierten ein natürlich begründetes Selbstverteidigungsrecht, das Juristen und Theologen aus der «Idee der allgemeinen Ordnung» herleiteten.

Eine Rezeption des theologischen Verständnisses durch die Juristen war in den dreißiger Jahren des 16. Jahrhunderts selten, offensichtlich geschah dies erst später mit Hilfe der Drei-Stände-Lehre. Umgekehrt hielten auch die Theologen an ihrer Argumentation fest, Kommunikation bestand aus Streitgesprächen. Erst seit der krisenhaften Zuspitzung der Reichspolitik nach der Schlacht bei Mühlberg 1547 sind Versuche erfolgreich, beide Argumentationslinien zusammenzuführen, die politische Kommunikation zu konzentrieren. «Die Idee der gerechten Gegenwehr wurde aus dem römischen Völkerrecht entliehen, die Idee der göttlichen Ordnung, die freilich von dem Apostel Paulus stammt, geht auf das Naturrecht stoischer Prägung zurück, das in die mittelalterliche Philosophie und Theologie eingegliedert und darin ausgebaut wurde. Insofern sind die Argumente zur Rechtfertigung des Widerstandes kein Sonderprodukt einer speziellen individuellen Entwicklung, sondern Teil eines gemeinsamen Gedankengutes.»[53] Die Kommunikation über Gegenwehr, Notwehr und Widerstand hatte juristische und theologische Filiationen, sie konnte sich aber zu einer gemeinsamen politischen Sprache entwickeln, weil sie in gemeinsamen Strukturen politischen, juristischen und theologischen Denkens wurzelte.

Die knappe Skizze zeigt, dass die Wiederbelebung der Drei-Stände-Lehre und die Notwehrdebatte als Möglichkeiten genutzt wurden, um mit Hilfe eines Modells christlicher Herrschaft die aktuellen politischen Konflikte zu kanalisieren und auszutragen. Dies war aber kein folgenloser Diskurs, vielmehr ging es um sehr konkrete Herrschaftsteilhabe und Abwehr von Missbrauch. Es erscheint deshalb angemessen, die hier beschriebene Debatte als Teil einer «Kommunikation über Herrschaft» im Sinne der «Cambridge School» zu charakterisieren, die sich dem Historiker in der Ausbildung eines spezifischen Vokabulars, einer «politischen Sprache» darstellt und deren Rückwirkung auf die politische Ordnung praktisch sichtbar wird. Eine derartige Kommunikationsgemeinschaft bildete seit den dreißiger Jahren des 16. Jahrhunderts die Gruppe der gelehrten protestantischen Theologen und Juristen. Die Aufgabe der Politikberatung, die sie seitdem im Alten Reich, wenige Jahre später auch in England, Schweden, Dänemark und seit den fünfziger Jahren schließlich auch in Frankreich wahrzunehmen hatte, wies ihr eine Deutungskompetenz zu, die sie sich nicht allein durch gelehrte Studien angeeignet hatte, sondern auch durch die Beteiligung an einem gelehrten Diskurs, der aus jeweils aktuellem Anlass in der gelehrten «Öffentlichkeit» geführt wurde. Die Debatten können aus inhaltlichen, aus sozialhistorischen und aus politiktheoretischen Gründen Interesse beanspruchen, denn sie wurden zu einem Zeitpunkt als politisches *Handeln* rezipiert, in dem die beanspruchte Legitimität des neuen protestantischen Herrschaftsverständnisses gegen den Verdacht der Rebellion zu verteidigen war. Dies geschah frühneuzeitspezifisch durch die Berufung auf theologisch-politische Traditionen und es geschah in den Institutionen der spätmittelalterlichen politisch-theologischen Kommunikation. Nicht die neuen theologischen Wahrheitsansprüche führten zu Kontroversen, vielmehr ging es allen Beteiligten darum, die Dynamik der bis dahin nicht gekannten religionspolitischen Konflikte mit Hilfe des vorhandenen traditionalen Rechtssystems zu integrieren. In den dichten Debatten, die die Historiker anhand der Textmassen analysieren können, lässt sich ein spezifisches Vokabular der «politica christiana», einer christlichen Herrschaftslehre, identifizieren. Zu den verhandelten Themen gehörten der Begriff der *christlichen* Obrigkeit, die Bestimmung der Aufgaben des Herrscheramtes, die Legitimation eines Widerstandsrechtes auf den verschiedenen Ebenen der Reichsverfassung und in klarer Unterscheidung zum Recht auf Not- und/oder Gegenwehr, schließlich der Teilhabeanspruch städtischer Obrigkeiten, die sich als «niedere Magistrate» in der Reichsverfassung einen eigenen Status zu sichern suchten.

Die hier skizzierte «Kommunikation über Herrschaft» unterscheidet sich von der klassischen Ideengeschichtsschreibung. Dazu gehört die Verzahnung von politischer und Intellectual History einerseits, die Verzahnung von politischer Idee und politischem Handeln andererseits, die Tatsache, dass eine Autonomie des Politischen nicht mehr zur Debatte steht, zum dritten. Die Kritik an diesem Forschungsweg stellt nicht den Ansatz einer historischen Politikforschung in Frage, sondern die Tragfähigkeit des methodischen Verfahrens in einer speziellen Konstellation.[54]

2.1.2 Republikanismus in der Frühen Neuzeit?

Mit einem ganz vergleichbaren methodischen Ansatz arbeitet die Forschung der letzten Jahre zu Existenz und Eigenart eines frühneuzeitlichen *Republikanis-*

mus. Den Anstoß dazu bot Q. Skinner in seiner zweibändigen Untersuchung «The foundations of modern political thought»[55] selbst, deren explizites Anliegen es war, «to exemplify a particular way of approaching the study and interpretation of historical texts. [...] I regard it no less essential to consider the intellectual context in which the major texts were conceived. [...]. I have thus tried to write a history centred less on classic texts and more on the history of ideologies, my aim being to construct a general framework within which the writings of the more prominent theorists can then be situated.»[56] Während Skinner sich in seiner Arbeit nicht allein auf Ursprung und Verbreitung eines europäischen Republikanismus als einer politischen Sprache (oder in seinen Worten einer «Ideologie») konzentrierte, sondern auch die zeitlich parallelen Sprachen des «Constitutionalism», des «Absolutism» und des «Right to resist» skizzierte, hatte sich nur wenige Jahre zuvor in der nordamerikanischen Geschichtsschreibung eine breite Debatte über die Bedeutung des Republikanismus für Entstehung und Begründung der amerikanischen Revolution entfaltet.[57] Diese Deutung hatte die bis zur Mitte der sechziger Jahre unbestrittene Interpretation abgelöst, wonach die nordamerikanische Kolonialgesellschaft und also auch die Unabhängigkeitsbewegung ausschließlich durch John Locke und dessen Liberalismusbegriff geprägt worden sei. Der Vorschlag zum Wechsel des Erklärungsmusters[58] löste eine heftige Debatte darüber aus, nach welchen Kriterien Republikanismus zu bestimmen sei. Insbesondere Pocock hatte die italienisch-westeuropäischen Wurzeln der amerikanischen Revolution hervorgehoben; offensichtlich regte er damit auch die europäische Forschung selbst an, sich dieser gemeineuropäischen politischen Tradition zuzuwenden.[59]

Deren Ergebnisse sind vielschichtig und durchaus kontrovers; was als Republikanismus verstanden werden soll, ist innerhalb der europäischen Traditionen vermutlich noch weniger eindeutig als innerhalb der nordamerikanischen Debatte. Methodisch aber ist die Verzahnung von politischer und Ideengeschichtsschreibung unumkehrbar; der Blick auf das politische Handeln als Folge der Kommunikation über die Herrschaftsformen, auch als «Aushandeln» identifizierbar, hat dieses Ergebnis befestigt. Der Austausch über die Praxis, über Grenzen und Teilhabe an Herrschaft kann sich in zwei entgegengesetzten Lebensformen äußern: als kollektive Freiheit, die sich in politischer Partizipation als Sicherung des Gemeinwohls dokumentiert oder als individuelle Freiheit, deren Schutz die obrigkeitlich garantierte Rechtsordnung zu gewährleisten hat. Noch unterscheidet die Forschung diese beiden miteinander zunächst nicht kompatibel erscheinenden politischen Sprachen; allerdings gibt es auch Ansätze, die Gegensätze zu überwinden.[60] Die angloamerikanischen Traditionen unterscheiden sich in dieser Debatte von denjenigen der stark auf den Staat konzentrierten französischen Diskussion und diese wiederum von einer spezifisch deutschen De-

batte, innerhalb derer Herrschaft und Genossenschaft einander gegenübergestellt werden, um letztere mit Republikanismus gleichzusetzen.⁶¹ Dass dies eine keineswegs entschiedene Debatte ist, zeigen andere Arbeiten nachdrücklich.⁶² Offen ist, wie die stadtbürgerlichen Grundwerte zu bewerten sind. Zwar ist es zutreffend, dass sie als vom Kaiser verliehene Privilegien gelten; das aber ist nicht gleichzusetzen mit ihrem Ursprung aus monarchischer Ordnung. Die Reichsverfassung wurde nicht erst, wie behauptet, seit dem 17. Jahrhundert als Mischverfassung charakterisiert, sondern bereits mit Beginn des 16. Jahrhunderts, dies war ein wesentlicher Motor der Reichsreformdebatte.⁶³ Die Definition dessen, was als legitime Abwehr von herrschaftlicher Willkür zu charakterisieren ist, wird intensiv diskutiert, dies zeigt die Verbindung zu der oben bereits angedeuteten Debatte um das Recht der Notwehr bzw. Gegenwehr in der Frühen Neuzeit.⁶⁴
Auch wenn die Forschung zu Recht die unterschiedlichen Traditionen des Republikanismus in Westeuropa, im deutschsprachigen Raum und in den nordamerikanischen Kolonien herausgestellt hat, ist die Diskussion darüber, ob und wenn ja, welche Kontinuitäten zur frühliberalen politischen Theorie im 18./19. Jahrhundert bestanden haben, in vollem Gange. 1992 folgte Paul Nolte der Pocockschen Relativierung der These von der beherrschenden liberalen Tradition im westeuropäisch-nordamerikanischen Denken und identifizierte einen engen Zusammenhang zwischen jenem klassischen frühneuzeitlichen Republikanismus

und dem deutschen Frühliberalismus.⁶⁵ Die «frühliberale politische Theorie» entspreche «ganz dem angloamerikanischen ‹klassischen Republikanismus› des 17. und 18. Jahrhunderts» und stehe in der Tradition des aristotelischen Politik- und Tugendverständnisses, so dass von einer «defensiven Verfassungskultur» im südwestdeutschen Frühliberalismus gesprochen werden könne.⁶⁶ Dieser Interpretation widersprach R. Blänkner nachdrücklich; gegen das von Nolte behauptete traditionale Verfassungsverständnis im Frühliberalismus setzte er ein «innovativ-neuständisches Verfassungsverständnis der Liberalen». Als Beleg diente Blänkner die Annahme einer liberalen Bürgertugend, die sich «in der aufgeklärt-liberalen politischen Theologie und der hiermit verknüpften Zivilreligion» identifizieren lasse. Diese stehe anstelle des republikanischen Bürgerhumanismus, von dessen Existenz Nolte auch noch für das 18./19. Jahrhundert ausgegangen war.⁶⁷

Die Diskussion, die hier geführt wird, geht über das, was unter der Bezeichnung «frühneuzeitlicher Republikanismus» diskutiert wird, weit hinaus. Hier stehen sich zwei unterschiedliche Deutungsmuster über den Charakter des Umbruchs an der Wende vom 18. zum 19. Jahrhundert gegenüber, die sich zudem in zwei voneinander zu unterscheidenden Verfassungsbegriffen äußern. Während Nolte den frühen Liberalismus als Höhepunkt jenes traditionalen frühneuzeitlichen Republikanismus charakterisierte, der von Pocock identifiziert wurde und sich damit auch mit der Kontinuitätsthese des Kommunalismus im Sinne P. Blickles einverstanden erklärte, betonte Blänkner und mit ihm zahlreiche Liberalismus- und Verfassungshistoriker, dass es sich bei dem nun zur Debatte stehenden Konstitutionalismus des beginnenden 19. Jahrhunderts um eine neuständisch-konstitutionelle Verfassungsvorstellung handelte, die im Sinne N. Luhmanns als «systemische Antwort auf die Frage nach dem integrativen Zentrum der neuständischen Gesellschaft» gedeutet werden könne.[68] Deshalb handele es sich hier weder um eine Vorform des späteren Parlamentarismus noch um den Gipfelpunkt des frühneuzeitlichen Republikanismus, sondern um eine eigenständige «gesellschaftliche Konfiguration» des Überganges.[69] Im Anschluss an institutionentheoretische Forschungen charakterisierte Blänkner den institutionellen Vorrang der Verfassung, der für diese neue Konfiguration charakteristisch ist, als «symbolische Ordnung.» «Die ‹Verfassung› ist somit das institutionelle Zentrum der neuständischen Staatsbürgergesellschaft und als Leitdifferenz zugleich immer umstritten.»[70] Die Frage aber, was die neuständische Gesellschaft zusammenhält, hat der systemtheoretische Zugang nicht beantwortet; Blänkner schlägt deshalb vor, den Zusammenhang von Religion und Politik als Zivilreligion, als politische Theologie zu charakterisieren, die die erwartete Integrationsfunktion übernehmen konnte.[71]

Es ist an dieser Stelle nicht zu entscheiden, welche Deutungsmuster sich als tragfähiger erweisen werden;

für den hier diskutierten Zusammenhang aber wird erneut sichtbar, dass sich die Verzahnung von Ideen- und politischer Geschichte zur historischen Politikforschung als weiterführend erweist. Die Integration sozialwissenschaftlicher Theorien (Systemtheorie, Institutionentheorie) ist deshalb sinnvoll und zugleich problemlos, weil sich mit ihrer Hilfe auch die Identifikation von Weltbildern bewerkstelligen lässt, die als Kommunikation über Herrschaft identifizierbar wird, eine analytische Verfahrensweise also, die bereits für die Republikanismusdebatte des 16./ 17. Jahrhunderts tragfähig war.

2.1.3 Normen und Werte

Wichtiges Element der Debatte über die Existenz eines Republikanismus vom 16. bis ins 18. Jahrhundert ist die Charakterisierung der *Normen und Werte* frühneuzeitlicher politischer Ordnung. Hierzu ist die Forschung der letzten Jahre dichter geworden; sie differenziert sich je nachdem, ob es sich um Normen politischen Handelns im Territorium oder um solche in städtischen Gemeinwesen handelt. Für beide Felder erweist sich die Verzahnung von neuer Ideen- und politischer Geschichte als tragfähig, da es zunehmend gelingt, politisches Handeln und politische Theorie im Sinne der Cambridge School als Einheit greifbar und anhand praxisbezogener Quellengruppen analysierbar zu machen. In der Untersuchung des «argumentativen Gebrauchs politischer Begriffe» werden u. a. Gemeinwohl, Gemeiner Nutz, das Herrschaftskonzept des am Hausvater orientierten Landesvaters, Schutz und Schirm, gute Ordnung, schließlich Einigkeit (concordia) als Grundlage der Gerechtigkeit in ihrer Bedeutung als normierende Ordnungsvorstellungen in den Territorien des 16. bis 18. Jahrhunderts identifiziert.[72] Dieses methodische Verfahren unterscheidet sich nicht von demjenigen der Cambridge School und ihrem Versuch der Identifikation einer «Grammatik politischer Sprachen» im chronologischen Wandel. Denn die z. B. durch Seresse für Kleve-Mark untersuchten politischen Argumentationen bewegen sich nicht auf einer nur wenigen Zeitgenossen zugänglichen herrschaftstheoretischen Ebene, sondern beweisen ihre Rolle gerade erst in ihrer Verwendung innerhalb der politischen Debatte «vor Ort». Allerdings ist die Gefahr eines Zirkelschlusses in der Argumentation gegeben: Wenn es in der Frühen Neuzeit eine Autonomie des Politischen nicht gibt, dann ist die analytische Unterscheidung zwischen politischen, sozialen und herrschaftstheoretischen Normen unzulässig bzw. als Übertragung zeitgenössischer Kategorien in die Vergangenheit zu charakterisieren. Dass die Verzahnung von Politik und Religion ein Charakteristikum zumindest des 16. und 17. Jahrhunderts darstellt, ist eine ernst zu nehmende These[73] mit der Folge, dass die Existenz eines ungeteilten Normenfeldes anzuerkennen ist; für die Untersuchung hat das methodische Konsequenzen.

Allerdings besteht an dieser Stelle keine Einigkeit in der Forschung. Dort, wo ein systemtheoretischer Ansatz zugrunde gelegt wird, wird auch für die Frühe Neuzeit die Differenzierung in soziale Strukturbildung einerseits, eine soziale Form von Politik andererseits behauptet. Politik etwa in frühneuzeitlichen Städten «ruhte auf den individuell und in Familienverbänden verfügbaren sozialen und ökonomischen Machtressourcen und nahm deswegen die Form von Herrschaft an.»[74] Dieses Ergebnis beruht auf dem nachvollziehbaren Versuch, die Existenz von sozialen Strukturen, die eine Grundlage historischer Gesellschaften sind, mit den durch handelnde Individuen hervorgebrachten Sinnformationen, die sich als «Bedeutungen» von Ordnungen und Handlungen greifen lassen, zu verbinden. Für die Systemtheorie steht dazu der Begriff der «Kommunikation» zur Verfügung; erst durch sie entstehen jene Bedeutungen oder Sinnformationen, die mit den sozialen Strukturen zusammenzubringen sind. Dass dies möglich ist, beruht auf der für die Systemtheorie unabdingbaren Voraussetzung, dass auch soziale Ordnungen fragil sind und eben nicht jene «harten Strukturen» darstellen, wie sie in der Sozialgeschichtsschreibung häufig postuliert wurden.[75] Aus diesen zunächst instabilen, sozialen Ordnungen werden nur dann dauerhafte und komplexere Strukturen, «wenn diese Stabilität durch die Formung von Kommunikation selbst gewährleistet wird.»[76] Auch soziale Ordnung also konstituiert sich durch Kommunikation unter den diese tragenden Individuen, dadurch erhält sie gegenüber den Einzelnen ihre Autonomie. Kommunikation produziert Bedeutung, deren Zuordnung produziert Sinnstrukturen und diese sind Voraussetzung sozialer Ordnung. An dieser Stelle entstehen zwei gewichtige Fragen: (1) Wer bestimmt die Generalisierbarkeit, also die allgemeine Verbindlichkeit dieser Kommunikationsformen und wer garantiert ihre Dauer? Und: (2) Mit Hilfe welcher Mittel/Medien findet derartige Kommunikation statt?

Betrachtet man unter diesen Voraussetzungen Formen der Herrschaftsbildung in der frühneuzeitlichen Stadt, so wird deutlich, dass soziale Integration nicht abstrakt bestimmt wurde, sondern durch spezifische Zugangsrechte geschah. «Die Sozialität der vormodernen Stadt war geprägt durch die Tatsache, dass sie auf [...] Interaktion aufbaute.»[77] Damit aber waren die Möglichkeiten der Strukturbildung festgelegt, komplexere Institutionen z.B. konnten nur durch Zuweisung von Kommunikationsrechten u.a. in festgeschriebenen Bürgerausschüssen entstehen. Sozial relevant wurde nur das, was in diesen Gremien innerhalb des genau definierten Teilnehmerkreises geschah. Von diesen sehr spezifischen Bedingungen politischer Kommunikation hingen Durchsetzungs- und Entscheidungsstrukturen in den Städten ab, «Politik war in der Stadt [...] von Entscheidungs- und Durchsetzungsmacht getragen, die bereits im politischen Prozess selbst (durch Wahlen) begründet war. Darauf ruhte die funktional bestimmte Autonomie von Politik und politischer Macht gegenüber anderen Sozialzusammenhängen.»[78] Die Basis der Politik waren die in den Familienverbänden verwurzelten Machtpotentiale (soziale Fundierung), die sich als Herrschaft (kommunikative Formung des Politischen) etablierten.[79] Die Spannung zwischen diesen beiden Ebenen wurde in der frühneuzeitlichen Sprache über Herrschaft verarbeitet als Frage nach der «gerechten und guten Herrschaft».

Die so in systemtheoretischen Kategorien beschriebene Autonomie des Politischen hat einen anderen Charakter als diejenige, die in den Debatten um den Primat der Innen- oder Außenpolitik in den ausgehenden Jahrzehnten des 20. Jahrhunderts gemeint war; aber sie ist ohne die Berücksichtigung der Rolle der Religion in der Frühen Neuzeit formuliert. Politische Kommunikation hat für die Systemtheorie, wie beschrieben, einen hohen Stellenwert, aber mit dem Begriff ist etwas anderes bezeichnet als es der Kommunikationsbegriff für die Cambridge School tut. Für die politische Kommunikation im Sinne der Systemtheorie ist das *Aushandeln* der politischen Entscheidungen mit den Betroffenen ein wesentlicher Teil der Politik u.a. in den Städten; damit ist deren Eigenständigkeit anerkannt, sie wird nun nicht mehr gemessen an dem, was Politik «eigentlich» sein sollte. Dieser Wandel im Blick auf «die» Politik entspricht allerdings auch dem methodischen Ansatz der neuen Politik- und Ideengeschichtsschreibung. «Das erlaubt es, Politik zu historisieren und auf die Universalisierung institutioneller Modelle der Moderne zu verzichten.»[80] Historische Politikforschung in dem hier skizzierten Verständnis ermöglicht die Loslösung der Forschung von den auf die stete Höherentwicklung festgeschriebenen Modellen der Modernisierungstheorie.

2.2 Verfassung als symbolische Ordnung

Kommunikation über Herrschaft oder politische Kommunikation hat sich als ein Bereich erwiesen, der zwar mit unterschiedlichen Methoden bearbeitet werden kann, in der Sache aber die Historisierung des Politischen ermöglicht. Kommunikation geschieht allerdings nicht nur mit Hilfe von Sprache, sondern wesentlich auch – und nicht nur in der Frühen Neuzeit – mit Hilfe von symbolischen Mitteln wie u. a. Gesten, Ritualen, Gebärden, Zeremonien; deshalb heißt diese Kommunikation in der Forschung «symbolische Kommunikation».[81] Insbesondere aber dann, wenn diese mit nichtsprachlichen Mitteln geschieht, muss es einen für alle an der Kommunikation Beteiligten gemeinsamen «Schlüssel des Verstehens» geben, mit dessen Hilfe jene überhaupt erst gelingt. Symbolische Kommunikation ist, der Name sagt es, keine unmittelbare, sondern eine verschlüsselte Information z. B. über Werte und Normen, die sich der Zeichen ebenso wie der Sprache in einem Sinne bediente, der für den Zeitgenossen «durchschaubar» war, für den Historiker aber erst entziffert werden muss.

Symbolische Kommunikation konnte der Austragung von Wertekonkurrenzen ebenso dienen wie der legitimierenden Bestätigung eines Herrschafts- oder Machtanspruches der sich durch die Demonstration erst etablieren sollte. Symbolische Kommunikation war deshalb zu allen Zeiten immer auch Kommunikation über das Politische.

2.2.1 Frühe Neuzeit

In einer Zeitphase wie der Frühen Neuzeit, in der die Integration des Gemeinwesens fast ausschließlich durch persönlichen Austausch oder, wie es sprachlich unschön in der Forschung formuliert wird, «durch Kommunikation unter Anwesenden»[82] gewährleistet war, musste dieser Zusammenhalt als Ordnungsanspruch stetig neu demonstriert und öffentlich dokumentiert werden.[83] So war es z.B. für frühneuzeitliche korporative Versammlungen (für Landtage ebenso wie für Reichstage oder Konzilien) problematisch, die kollektiv gefassten Beschlüsse auch für diejenigen verbindlich durchzusetzen, die nicht dabei gewesen waren; andererseits aber hatte auch eine nicht schriftlich niedergelegte Verpflichtung wie etwa eine Huldigung, ein Kniefall o.ä. zur Folge, dass nun für alle *sichtbar* geworden war, dass hier eine Verpflichtung tatsächlich akzeptiert wurde.[84]

Geht man im Unterschied zur systemtheoretischen Annahme davon aus, dass es in der Frühen Neuzeit keine ausdifferenzierten Funktionssysteme wie Politik, Recht, Religion, Wirtschaft und Gesellschaft ge-

geben hat, dann wird verständlich, dass jede öffentliche Inszenierung im Interesse der Integration auf das Ganze der Gemeinschaft zielte. «Bei symbolischen Kommunikationsakten stand daher stets die ganze soziale Existenz der Personen und das gesamte Ordnungsgefüge auf dem Spiel.»[85] Es ist deshalb z. B. in einem lose organisierten Gemeinwesen wie dem Heiligen Römischen Reich deutscher Nation ein plausibles Deutungsmuster, von einer Verfassung zu sprechen, die als symbolische existierte, indem durch öffentliche Dokumentation der Integration und der Verbindlichkeiten von Pflichten in Gestalt symbolischer Zeichen oder Akte das Gefüge einer verfassten Ordnung gezeigt und «beschworen» und damit realisiert wurde.[86] Zweierlei ist an dieser Stelle festzuhalten:
– Symbolische als politische Kommunikation gehört zu dem Feld, das hier als historische Politikforschung beschrieben wird. Auch dieser methodischen Konfiguration liegt die Verzahnung von neuer Ideen- und politischer Geschichte zugrunde. Im Falle der Annahme einer «symbolischen Verfassung» wird das deswegen besonders deutlich, weil damit an Traditionen angeknüpft werden kann, die in der Debatte zwischen Juristen, Historikern und Sozialwissenschaftlern der zwanziger Jahre des 20. Jahrhunderts gründen. Dort nämlich entstand die oben skizzierte Theorie der Verfassung als Integration, die der Verfassungsjurist R. Smend formulierte. Dieser methodische Ansatz bereitete etliches von dem vor, was in der gegenwärtigen Diskussion wieder aufgegriffen wird.

– Symbolische Kommunikation kann insbesondere für die ungeschiedene Einheit der frühneuzeitlichen Ordnungen als zugleich politische Kommunikation charakterisiert werden, selbst wenn es auch für dieses Verständnis der frühneuzeitlichen Gemeinschaften eine funktionale Differenzierung nicht gibt. Symbolische als politische Kommunikation unterscheidet sich in diesem gewichtigen Punkt deutlich von demjenigen, den die Systemtheorie verwendet. Sie unterscheidet sich aber auch von demjenigen, der zur Identifikation politischer Sprachen benutzt wird. Allerdings lässt sich zwischen letzteren eine beachtliche Anschlussfähigkeit konstatieren.

2.2.2 19. und 20. Jahrhundert

Wenn es für die Frühe Neuzeit plausibel sein mag, dass Verfassung als symbolische Ordnung existierte, so ist die Frage berechtigt, ob dies auch für das 19. und 20. Jahrhundert gelten kann. Denn moderne Gesellschaften werden als weitgehend frei von Ritualen, als vorwiegend kognitiv orientiert charakterisiert. Insbesondere solche Funktionsbereiche wie Wirtschaft, Gesellschaft, Politik und Recht werden als Orte der rationalen Entscheidungen beschrieben. Allerdings zeigt sich im Anschluss an die nordamerikanische politische Anthropologie (Kertzer) und die europäische Politikwissenschaft (Sarcinelli) in den letzten Jahren in der Forschung zum 19./20. Jahrhundert ein deutlicher Wandel; er zielt in die Richtung der historischen Kulturforschung, die oben beschrieben wurde. Danach kommt auch die moderne Politik nicht gänzlich ohne Rituale und symbolische Handlungen aus,[87] Kertzer formulierte sogar, dass Politik nur als «symbolische Politik» möglich sei.

Selbst wenn man dem nicht ganz folgen will, zeigen doch etliche Forschungsergebnisse, wie ertragreich der Einsatz des Forschungskonzepts der politischen Kommunikation und/oder der symbolischen Politik auch für die Moderne sein kann. Auch für diese Arbeiten verschiebt sich die Perspektive. Politik bleibt weiterhin soziales Handeln, eingeordnet aber in die Verzahnung von sozialen Strukturen und Prozessen des Verstehens. Über Letztere kann man sprechen, sie lassen sich kommunizieren; auch für die Forschungen zur modernen Geschichte bilden also die Kommunikationsprozesse über Politik und/oder politische Kommunikation ein Analyseinstrument. Sie kann sich über zwei Wege vollziehen: mit Hilfe von Symbolen und mit Hilfe von Sprache.[88]

Mit dieser Verbindung fasst Mergel die in der Frühneuzeitforschung noch getrennt nebeneinander arbeitenden Forschungswege der symbolischen Politik und der Annahme politischer Sprachen zusammen. In seiner Definition wird unter Symbol verstanden «ein uneindeutiger Verweisungs- und Verdichtungszusammenhang. [...] Damit ziehen Symbole die Rezipienten in einen interpretativen Zusammenhang»;[89] sie wirken sozialisierend, indem sie ausgrenzend integrieren. Politisches Handeln versteht Mergel deshalb auch stets als symbolisches Handeln: Es stellt Erinnerungs- und

Überzeugungsgemeinschaften her, deren politische Praxis im Aushandeln von gegensätzlichen Überzeugungen besteht.

Auch das zweite Medium, die Sprache, wird als Handeln verstanden; damit integriert Mergel den Ansatz der Cambridge School. «Sprachliches Handeln definiert Tatbestände [...], es stellt Beziehungen her und schafft soziale Ordnung.»[90] Diese Funktion kann durch die Sprache selbst erfüllt werden, indem der Primat des Inhalts verfolgt wird; sie kann aber auch durch die äußeren Formen des Sprechens wahrgenommen werden; hier kooperieren Inhalts- und Beziehungsaspekte der sprachlichen Kommunikation.[91]

In seiner Untersuchung des Weimarer Reichstages als parlamentarische Kultur hat Mergel das parlamentarische Sprechen als beständiges Überzeugen und Verständigungshandeln definiert; damit wird diese politische Institution zum Ort politischer Kommunikation. Das Konzept ist, so Mergel, tragfähig für «jeden Parlamentarismus, mehr noch: für jeden korporativen Zusammenhang, in dem ‹Widerspruch durch Abwanderung› nicht ohne weiteres möglich ist.»[92] Das, was in der Frühneuzeit als «Kommunikation unter Anwesenden» beschrieben wurde, vollzieht sich im 20. Jahrhundert am festgelegten Ort parlamentarischer Debatten, die in ihrem Anspruch politisch legitimierend zu wirken, gleichfalls von der Anwesenheit der Abgeordneten abhängen. Als Funktionsbedingungen und -formen dieses spezifischen Politikraumes nennt Mergel vier Aspekte: Neben dem vergleichbaren generationen- und sozialspezifischen Erfahrungshintergrund gehört dazu der durch Regeln bestimmte Alltag der parlamentarischen Arbeit, drittens sodann die gemeinsame Sprache des parlamentarischen Raumes, viertens schließlich ein spezifisches Verhältnis des Reichstages zur Öffentlichkeit, das integrierend nach innen wirkte.[93]

2.3 Liberalismus: historische Semantik und politische Sprache

Die bisherigen Skizzen haben gezeigt, dass der Dialog zwischen den Konzepten der symbolischen Kommunikation, der Kommunikation als «politische Sprache» und der systemtheoretisch verstandenen Kommunikation sehr wohl möglich ist. Auch die Begriffsgeschichtsschreibung gehört als historische Semantik zu diesen Forschungskonzeptionen hinzu, die als historische Politikforschung zusammengefasst werden können; das alle verbindende Element ist die Historisierung der traditionalen Ideengeschichtsschreibung.

Bezieht man jene Historisierung auf einen der zeitgenössischen Grundbegriffe, die wie z.B. derjenige des Liberalismus eine europäische Epoche geprägt haben, führt das dazu, «den Liberalismusbegriff nicht als normativ intendierte unumkehrbare Fortschrittsgeschichte hin zu mehr Freiheit und Demokratie [...] zu begreifen, sondern nach seiner je spezifischen Bestimmung im zeitgenössischen Bezugsrahmen politisch sozialer Auseinandersetzungen, Krisen und Umbrüche zu fragen.»⁹⁴ Solche Begriffe können nicht zeit- und situationsungebunden gedeutet werden, sie können nur verstanden werden als Ergebnis einer konkreten Sprechsituation. Die begriffsgeschichtliche Studie von Leonhard führte einerseits zu einer methodischen Abkehr von jeder Modernisierungstheorie, andererseits führte sie zugleich über den begriffsgeschichtlichen Ansatz hinaus, weil die semantische Analyse zur Identifikation der Grammatik einer europäischen politischen Sprache beitrug.

Die europäisch vergleichend angelegte Studie ging zunächst von der Verschiedenartigkeit der national-regionalen Voraussetzungen aus, eine Über- oder Unterlegenheit wurde nicht anerkannt, denn die Erforschung der Semantik der Sprache «Liberalismus» belegt die Verschiedenartigkeit der Entstehungs- und Wirkungsbedingungen, die gerade in dieser Unterschiedlichkeit gleichwertig sind. Offensichtlich ist ein wie auch immer zu bezeichnender Sonderweg nicht zu erkennen.

Leitfragen auf fünf Ebenen ermöglichen den Vergleich zwischen vier europäischen Regionen.⁹⁵ Zu fragen ist zuerst nach Bedeutung, Gebrauch und Verständnis des Deutungsmusters «liberal», Liberalität u. a. m.; zum Zweiten müssen die Konjunkturen der Verwendung des Begriffsfeldes in den politischen Sprachen der beteiligten Nationen skizziert werden, zum Dritten wird nach den Berührungspunkten der nationalen Semantiken gefragt: Wie sahen die semantischen Transformationen aus. Um zum Vierten klären zu können, ob die komparative historische Semantik zur Typologisierung «zeittypischer Liberalismen»[96] beitragen kann, sind begriffsgeschichtliche Unterscheidungsmerkmale zu identifizieren. Und schließlich ist fünftens zu fragen, ob sich in den einzelnen Regionen unterschiedliche Erfahrungshorizonte und -hintergründe ausgebildet haben, so dass eine über die Zeitgenossen hinausweisende historische Semantik von Liberalismus identifiziert werden kann. Hier eröffnet sich erneut die Frage nach der Existenz eines semantischen deutschen Sonderweges, der sich z.B. als Gegensatz zu den Ideen von 1789 in einer eigenen Begriffssprache hätte äußern können. Die Frage zielt damit weiter auf die Existenz einer eigenen politischen Sprache des Liberalismus in der Konfrontation zwischen Deutschland und dem Westen.

Von diesen Leitfragen ausgehend kann ein Modell der «historisch-politischen Semantogenese» konzipiert werden, das sich in *vier Stufen* beschreiben lässt.[97] Den Anfang macht eine so genannte *präpolitische Bedeutungsdimension*, die sich auf bestimmte nationalsprachlich geprägte Bedeutungsursprünge konzentriert. Von Gewicht ist in der zweiten Stufe die Beobachtung, dass neue politisch-soziale Elemente des Begriffs «liberal» auf traditionale Begriffe übertragen werden und sich so in der politischen Sprache etablieren können. Diese als *Fermentierungsphase* bezeichnete Stufe ist deshalb gekennzeichnet durch die Vermischung von vorpolitischen und politisierten Bedeutungselementen des Begriffsfeldes, eine eindeutige Festlegung von «liberal» ist deshalb schwer. In der dritten Stufe, der *Politisierung* des Begriffsfeldes werden eben die vorpolitischen Elemente zugunsten der politisierten Inhalte zurückgedrängt; dies ist in der semantischen Veränderung des Begriffsfeldes greifbar; u. a. durch Einflüsse von außen[98] kann es aber durchaus noch Veränderungen der Bedeutungen geben. Erst in der vierten Stufe, der *Ideologisierung und Polarisierung* von Begriffen und Gegenbegriffen wird die ideologische Funktion des Begriffes «liberal» greifbar. Eine Veränderung der Bedeutungen ist kaum mehr denkbar, Projektionen von Inhalten und Erfahrungen gehen in eine programmatische, schließlich ideologisierte Ausrichtung über, was sich u. a. in trennscharfen Parteibezeichnungen wiederfindet.

3. Zusammenfassung

Der Rundgang durch die neueren Arbeiten zur historischen Politikforschung, der natürlich nur einen Ausschnitt vorstellen konnte, zeigt, dass die unterschiedlichen methodischen Ansätze, die existieren, in der konkreten Forschung sehr gut miteinander kooperieren und zum Teil eng verzahnt sind; dies gilt auch dann, wenn in der Theoriedebatte auf der Eigenständigkeit beharrt wird und Abgrenzung wichtig scheint. Haben diese Arbeiten, so ist zu fragen, noch etwas mit dem zu tun, was am Anfang unserer Skizze als Politikgeschichte im ausgehenden 19. Jahrhundert charakterisiert wurde?

Dazu lassen sich drei Thesen formulieren.

1. Die Fachwissenschaft hat sich selbstverständlich seit L. v. Rankes Tagen gravierend verändert; dennoch ist es statthaft, nach Potentialen in den Arbeiten der Älteren zu suchen, an die die eigene Forschung anknüpfen kann.[99] Dazu gehört ohne Zweifel die Anerkennung der Bedeutung des Politischen, die aus nachvollziehbaren Gründen in der Mitte des 20. Jahrhunderts einen allerdings national unterschiedlich stark ausgeprägten Bedeutungsverlust erlebte. Bei der Sichtung der Traditionen des 19. und insbesondere des frühen 20. Jahrhunderts ist recht deutlich geworden, dass es **die** Traditionen der politischen Geschichtsschreibung gar nicht gibt. Vielmehr lassen sich zeitspezifische Verzahnungen von politischer, wirtschaftlicher und Sozialgeschichte auch im ausgehenden 19. Jahrhundert konstatieren, die im frühen 20. Jahrhundert insbesondere in der deutschen Diskussion zu einer ernst zu nehmenden Debatte über die Verzahnung von politischer und Ideengeschichte sowie von politischer und Verfassungsgeschichtsschreibung geführt hat. An diesen Diskussionen waren die Verfassungsjuristen mit Überlegungen zur Integrationskraft von Ritualen und Symbolen des Verfassungshandelns beteiligt.

2. Der Cultural Turn hat, darüber ist sich die Forschung trotz aller Kontroversen einig, neue Dimensionen für die historische Forschung eröffnet. Die Tatsache, dass es nun eines Political Turn bedurfte, zeigt aber, dass historiographische Strömungen sich stets wechselseitig anregen und erst in der Schnittmenge verschiedener Positionen weiterführende Anregungen liegen. In diesem Sinne führt die gegenwärtig intensivierte Arbeit zu dem, was als historische Politikforschung bezeichnet wird, zur Erweiterung des Forschungsblickes. Einige Fragen bleiben noch offen. Dazu gehört die während der vergangenen Jahrzehnte stets diskutierte Frage nach dem jeweiligen Gewicht der Faktoren historischer Entwicklung, also das, was in den Debatten der siebziger Jahre als Dominanz der Außen- oder Innenpolitik diskutiert wurde. Ist es überhaupt sinnvoll, von der Dominanz des einen oder anderen Faktors historiographischen Wandels zu sprechen? Die Sichtung der verschiedenen Ansätze zeigt eher, dass es zu Verzerrungen der Wahrnehmung führt, wenn auf jener Dominanz in der einen oder anderen Richtung beharrt wird. Eine weitere Frage ist diejenige nach den Konsequenzen der Historisierung der Ideengeschichte, die das Postulat einer erneuerten Geistes- und politischen Geschichte am Ausgang der neunziger Jahre gewesen ist. In allen hier charakterisierten Forschungsfeldern wurde deutlich, dass es eine Relativierung der modernisierungstheoretischen Ansätze gegeben hat. Die ist ein bemerkenswertes Ergebnis der skizzierten Forschungen.

3. Das Themen- und Methodenspektrum, das sich im Blick auf die historische Politikforschung darstellt, ist vielfältig. Die Möglichkeiten der Verzahnung von

Cambridge School, symbolischer Kommunikation und systemtheoretischen Ansätzen, die sich zudem noch mit der Begriffsgeschichte etwa im Fall Italien verbinden, sind noch nicht ausgeschöpft. Deshalb ist es von großem Gewinn, darauf zu verweisen, dass die begriffsgeschichtliche Analyse eines Grundbegriffes wie des Liberalismus sich auch als Artikulation einer politischen Sprache charakterisieren lässt. Die Untersuchungsschritte, die in der Liberalismusstudie Leonhards vorgelegt wurden, sind für die Identifikation der «Political Languages» sehr erhellend.

Offen bleibt auch nach den hier benannten Grundlagen der Begriff des Politischen, der in seinen verschiedenen Verwendungsmöglichkeiten erörtert wurde. Die Historisierung der Ideengeschichte hatte zur Folge, daß von einem wesenhaften Begriff von Politik nicht mehr gesprochen wird. Es wird aber hilfreich bleiben, für einzelne Zeitschnitte ebenso wie für Fallstudien einen jeweils tragfähigen Politikbegriff zu identifizieren.

III. AUSBLICK

Neue Forschungsrichtungen sind, wir haben es gezeigt, nicht gänzlich neu, sie stehen in Traditionen, die sie durch ihr Wandlungspotential aber verändern, manchmal auch weiterführen. Da bereits die Traditionen in der Kritik standen, bleibt eine lebendige Skepsis gegenüber der historischen Politikforschung, wie sie hier in verschiedenen Facetten skizziert wurde. Es hilft der Forschungsdebatte sicherlich am meisten, wenn diese Einwände als abschließende Perspektive diskutiert werden.

1. Ein gewichtiger Einwand, der von verschiedenen Seiten vorgetragen wird, ist derjenige, dass eine historische Politikforschung, die sich u.a. auf Diskurse, Repräsentationen und Symbole konzentriert, Begriffe wie Macht, Interessen und Entscheidungen nicht mehr im Blick behält. Eine Politikgeschichte, die diese kommunikativen Prozesse analysiert, könne den Zusammenbruch des Politischen durch Gewalt nicht mehr erklären, weil eine Kommunikation dann nicht mehr stattfindet.[1] Th. Mergel hat diesen Einwand dann als berechtigt bezeichnet, wenn Kommunikation im Sinne der Habermasschen linearen Verständigung definiert

ist. Sofern aber anerkannt wird, dass Kommunikation nicht sogleich als etwas Gutes charakterisiert wird, sondern zunächst lediglich die Ebene beschreibt, auf der menschliches Handeln beobachtet werden kann, dann wird klar, dass es auch nicht gelingende Kommunikation geben kann. Auch Gewalt wird kommuniziert, auch sie folgt Ritualen und Diskursen. Mergel plädiert deshalb dafür, «Gewalt als einen originären Bestandteil von Politik»[2] in die Definition mit aufzunehmen.

2. Ein anderer Vorbehalt gegenüber der historischen Politikforschung, der einer ähnlichen Argumentation folgt, kritisiert, dass die Forschungsrichtung lediglich Oberflächenphänomene behandele, zum «Eigentlichen der Politik» wie etwa Gewalt, Macht oder Interessen dringe sie nicht vor; als anthropologische Konstanten politischen Handelns verdienten diese Phänomene aber eine sehr viel größere Beachtung.[3] Auch dieser Einwand ist nicht völlig falsch, berücksichtigt aber nicht, dass es gerade der hier skizzierten historischen Politikforschung um die Auflösung von so genannten «eigentlichen» Machtstrukturen geht. Denn es ist eine der methodischen Grundannahmen, dass «auch [die] Strukturen immer schon von Wahrnehmungsmustern durchdrungen [sind]»,[4] so dass es eine Gegenüberstellung von realer Politik und nicht realer, also Kommunikation über Politik, von Deutungen hier und Machtstrukturen dort, nicht gibt. Historische Politikforschung in dem hier beschriebenen Sinne geht davon aus, dass es keine bloßen Herrschaftsansprüche

und «reinen» politischen Institutionen gibt, sondern dass die Kommunikation über jene bereits Teil ihrer Konstituierung ist.

3. Ein weiterer Einwand richtet sich gegen die Kleinteiligkeit der historischen Politikforschung, die u. a. bemüht ist, in Gestalt von Fallstudienforschung vor Ort die «politische Sprache» auf einer mittleren Ebene zu identifizieren. Auch dieser Einwand ist nicht ganz falsch, kritisiert aber, wie wiederholt betont, ein Anliegen der Forschungsrichtung, das methodisch unverzichtbar ist: die Zurückhaltung, ja Skepsis gegenüber allen Modernisierungstheorien. Deren Fortschrittsoptimismus hat dazu geführt, die Entwicklungspotentiale traditionaler Gesellschaften wie eben auch derjenigen der Frühen Neuzeit zu verkennen. Ob dies allerdings nur unter Verwendung des Kommunikationsbegriffs der Systemtheorie möglich ist,[5] muss bezweifelt werden.

4. Abschließend ist eine Perspektive für die weitere Forschung zu betonen, die der vergleichende Blick dieses Büchleins bereits einzulösen versuchte: Die historische Politikforschung benötigt den internationalen Vergleich.[6] Dass es Anknüpfungspunkte in den europäischen und nordamerikanischen Historiographien gibt, konnte gezeigt werden: Nicht umsonst kommt der einprägsame Satz vom *Political Turn*, der den *Linguistic Turn* nun ergänze, aus der englischen Geschichtswissenschaft.

ANHANG

Anmerkungen

Vorwort

1 IGK 1067/1 getragen von den Universitäten Bologna, Frankfurt/M, Innsbruck und Trient, gefördert durch die DFG seit Oktober 2004.

Einleitung

1 Dass dies eine sehr pauschale Bezeichnung für ein differenziert entfaltetes Forschungsfeld ist, ist sehr wohl bewusst; dennoch wird der Begriff im Interesse der Übersichtlichkeit hier beibehalten. Zur Information über die fast nicht mehr zu überschauende Vielfalt wird verwiesen auf die sehr nützliche Einführung mit weiterer Literatur LOTTES (2002a); DANIEL (2001) und, wenn auch sehr allgemein, RAPHAEL (2003).

2 Im Kontext verschiedener Forschungsverbünde, die mehrheitlich durch die DFG gefördert werden, sind einige erste Arbeiten erschienen, die das Feld mit Hilfe eines methodisch reflektierten Zuganges zu bearbeiten versuchen, siehe etwa FREVERT (2005a), STOLLBERG-RILINGER (2005), SCHORN-SCHÜTTE (2006b).

3 Dafür steht auch die Arbeit des IGK «Politische Kom-

munikation von der Antike bis ins 20. Jahrhundert», siehe Anm. 1. Die Ergebnisse des Kollegs werden ab 2007 publiziert in der Reihe «Politische Kommunikation».

I. Traditionen: Das Politische in der Geschichtsschreibung des 19. und 20. Jahrhunderts

1 Zum Lamprechtstreit und der seitdem fortgeführten Gegenüberstellung aus der Fülle der Literatur SCHORN-SCHÜTTE (1984), CHICKERING (2000).
2 GILBERT (1992).
3 BURCKHARDT (1930), S. 200.
4 Siehe dazu IGGERS (1993), S. 21.
5 Siehe informativ dazu BABEROWSKI (2005), S. 66.
6 SELLIN (1978), S. 853f.
7 RANKE (1887), S. 3f., zitiert nach BABEROWSKI (2005), S. 67.
8 Siehe BERDING (1971), S. 13.
9 Die Forschungen zu Ranke sind zahlreich; als Zusammenfassung mit weiterführender Literatur siehe IGGERS (1993), S. 20–25, sowie RAPHAEL (2003), bes. S. 138f.
10 EVANS (1998), S. 26.
11 BABEROWSKI (2005), S. 64.
12 GILBERT (1992), S. 72.
13 Der Begriff ist zeitgenössisch, vgl. zu dieser Gruppe deutscher Historiker noch immer IGGERS (1971), S. 120–161, dessen eigene Zeitbindung seine Interpretation prägt. Eine jüngere ausführliche Untersuchung zu dieser Gruppe steht aus.
14 DROYSEN (1977), S. 14.
15 SIMON (1996), S. 142.
16 SELLIN (1978), S. 857.
17 TREITSCHKE (1922), Nachweise der anderen Politiktexte bei RIEDEL (1963).

18 RIEDEL (1963), S. 44. Auch W. Roscher gehört zu dieser Gruppe; als Begründer der historischen Nationalökonomie ging es ihm aber nicht um eine historiographische Darstellung, sondern um eine Analyse von Typen; diese aber orientierte sich in seiner Politik: ROSCHER (1892) ausdrücklich an den aristotelischen Kategorien (ROSCHER 1892), siehe dazu BLEEK (2001), S. 147–9.
19 Erschienen 1855, siehe dazu RIEDEL (1963), S. 52, siehe auch NOLTE (1997), S. 282.
20 RIEDEL (1963), S. 45.
21 TREITSCHKE (1927), S. 87.
22 TREITSCHKE (1927), S. 60.
23 TREITSCHKE (1927), S. 60/61. Siehe dazu ausführlicher RIEDEL (1963), S. 57.
24 RIEDEL (1963), S. 61.
25 BLEEK (2001), S. 154, urteilt sogar, dass Treitschke mit diesem Festhalten an den aristotelischen Traditionen das Ende der universitären Tradition der älteren Politiklehre besiegelt habe.
26 MEINECKE (1925), S. 494.
27 MEINECKE (1925), S. 503.
28 Siehe dazu GROTHE (2005), S. 65–164.
29 MEINECKE (1959), S. 87.
30 So die Interpretation bei PALONEN (2004), S. 35. Die zeitgenössischen Debatten um den Politikbegriff wurden geführt durch M. Weber, C. Schmitt, E. Troeltsch u. a. m. Siehe dazu PALONEN (1985).
31 MEINECKE (1925), S. 5.
32 MEINECKE (1925), S. 12.
33 MEINECKE (1925), S. 24.
34 MEINECKE (1925), S. 24.
35 Siehe dazu KNUDSEN (1994), S. 55.
36 MEINECKE (1959), S. 53, siehe dazu OEXLE (1996). Der geschichtliche Gesamtprozess, von dem Meinecke hier spricht, ist identisch mit seinem Verständnis von Historismus.

37 HINTZE (1982), S. 45.
38 Siehe GROTHE (2005), S. 70.
39 GROTHE (2005), S. 64 mit Anm. 53 und der weiteren Literatur zum Ursprung des Typusbegriffes in den Debatten um die Jahrhundertwende. Zum Vergleich Jellinek – Hintze – M. Weber mit ähnlichem Ergebnis HÜBINGER (1988).
40 HINTZE (1895), S. 97.
41 HINTZE (1970), siehe dazu auch GROTHE (2005), S. 65 f. mit Aufzählung der sechs Typen.
42 HINTZE (1982), S. 43, siehe auch GROTHE (2005), S. 67 f.
43 HINTZE (1982), S. 44 f.
44 OESTREICH (1982), S. 8*.
45 HINTZE (1982), S. 45.
46 Siehe dazu auch BLEEK (2001), S. 166 f.
47 Siehe dazu informativ unter Verarbeitung der juristischen Fachliteratur GUSY (2005), S. 177, S. 187–191: Stabilisierung der Sphäre des Politischen durch Exklusion der Gesellschaft. Dies sei, so die Interpretation bei Gusy, eine bewusste Festlegung durch die Verfassungslehre zu Lasten der Gesellschaft gewesen.
48 Siehe so auch GROTHE (2005), S. 150, und v. a. STOLLEIS (1999), S. 153–58.
49 GUSY (2005), S. 190.
50 Siehe dazu knapp GROTHE (2005), S. 151, dort auch der Nachweis der weiteren Literatur zum Methoden- und Richtungsstreit.
51 SMEND (1928), S. 127, siehe dazu GÜNTHER (2004), S. 41 f.
52 SMEND (1928), S. 138.
53 GÜNTHER (2004), S. 41.
54 SMEND (1928), S. 189.
55 GUSY (2005), S. 195.
56 GUSY (2005), S. 196, der betont, dass diese Überwölbung der Gesellschaft durch den Staat zu Lasten der individuellen Freiheit gehen könnte.

57 HARTUNG (1929); HINTZE (1929a); HINTZE (1929b). Zur Rezeption der Verfassungslehre Schmitts siehe KRAUS (2000).
58 GROTHE (2005), S. 161.
59 HINTZE (1982), S. 560.
60 WEHLER (1980), S. 7.
61 HILLGRUBER (1973), S. 533 f.
62 WEHLER (1975), S. 369.
63 WEHLER (1975), S. 368.
64 HILLGRUBER (1973), S. 535.
65 GROSSE-KRACHT (2005), S. 39. Klassischer deutscher Historismus war aber nicht nur – und hier ist Große-Kracht zu ergänzen – die Berufung auf Ranke. Siehe dazu auch CORNELIESSEN (2002).
66 Siehe dazu oben 1.1. S. 14/15.
67 GROSSE-KRACHT (2005), S. 39; das Zitat aus DEHIO (1996), S. 15, 20.
68 Siehe oben 1.1. (Hintze, Meinecke), S. 24–28.
69 Siehe dazu auch BÖHME (2000), S. 106: «Bis in die 6oiger Jahre […] hielt […] eine […] Kontinuität der Grundkonzeption des klassischen deutschen Historismus, in dessen Mittelpunkt die ‹Große Politik›, der Aufstieg des neuzeitlichen Machtstaats, die Staatenkonkurrenz und der Staatsbildungsprozess standen. Nach ‹Fischer› war die ‹Selbstzufriedene Stimmung› dahin.»
70 FISCHER (1961).
71 So das Votum des englischen Premierministers D. Lloyd George Anfang der zwanziger Jahre, siehe dazu JÄGER (1984), S. 106 f.
72 FISCHER (1961), S. 855 f.
73 FISCHER (1969).
74 Wichtiger Exponent einer differenzierten Sichtweise der Verantwortung der Reichsleitung wurde durch seine Aufsehen erregende Antrittsvorlesung der damalige Marburger Privatdozent A. Hillgruber, HILLGRUBER (1973).

75 Prominente Akteure in den Debatten waren W. J. Mommsen und H.-U. Wehler, beide beriefen sich auf E. Kehr. Vgl. GROSSE KRACHT (2005).
76 GROSSE KRACHT (2005), S. 66.
77 HILLGRUBER (1973), S. 533.
78 HILLGRUBER (1973), S. 536f.
79 Hinweis auf die Gründung einer von Juristen und Historikern gemeinsam getragenen Zeitschrift («Der Staat») bei GROTHE (2005).
80 GROTHE (2005), S. 375, Anm. 329.
81 GÜNTHER (2004), S. 151ff., sowie zur Distanz Hubers zu Schmitt S. 142f.
82 GÜNTHER (2004), S. 152.
83 GÜNTHER (2004), S. 238ff.
84 EHMKE (1962).
85 GÜNTHER (2004), S. 239, Anm. 131.
86 Siehe dazu SCHORN-SCHÜTTE (1984); LINGELBACH (2003), deren These allerdings ist, dass die Vorbildhaftigkeit des deutschen Universitätssystems so ausgeprägt nicht gewesen sei, wie dies immer beschrieben wird.
87 Zur unterschiedlichen Bezeichnung dieser Gruppe siehe LINGELBACH (2003), S. 487, Anm. 33. Hinzugezählt werden F. J. Turner, J. H. Robinson, Ch. A. Beard und C.L. Becker, W. E. Dodd und E.W. Dow. Sehr informativ zur gesamten Gruppe BREISACH (1993).
88 Eine «Geschichte des inneren Menschen, seines Wissens, seines Geschmacks, seiner Vorstellungen von der Welt und von sich selbst», ROBINSON (1906), S. 50.
89 Siehe dazu LINGELBACH (2003), S. 488f.
90 BEARD (1913).
91 Siehe dazu LINGELBACH (2003), S. 489 mit dem Nachweis der weiteren Forschungsliteratur.
92 LINGELBACH (2003), S. 492.
93 So aber LINGELBACH (2003), S. 492.

94 Siehe dazu BREISACH (1993), und LINGELBACH (2003), S. 542.
95 «Die politischen und konstitutionellen Aspekte des Themas [der Kolonialgeschichte] sollten den ersten Rang einnehmen, da es nur durch Gesetz und politische Institutionen möglich ist, dass soziale Kräfte in größerem Umfang wirkmächtig werden können.» Zitat nach LINGELBACH (2003), Anm. 210.
96 TUCK (2005), S. 813.
97 Die Veränderung zwischen dem Ende des 19. und der Mitte des 20. Jahrhunderts ist bemerkenswert; noch Sloane hatte 1889 betont, dass die nordamerikanische Geschichte als europäische Variante angesehen werden könne, siehe dazu LINGELBACH (2003), S. 306.
98 LEFF (1995), S. 848.
99 LEFF (1995), S. 848 f.
100 «Die führende Wissenschaftlerin der neuen institutionengeschichtlichen Bewegung, die versucht, den Staat wieder in die Diskussion zu bringen, Theda Skocpol, verbindet dieses offenere, genderbewusste Verständnis der Entwicklung des Wohlfahrtsstaates mit ihren früheren Interessen an staatlichen Strukturen, so dass sie die bisher umfassendste Übersicht über die ‹politischen Ursprünge der amerikanischen Sozialpolitik› bieten kann», LEFF (1995), S. 851.
101 «Interaktion ist der einzige Weg, um Macht zu hinterfragen – wie ihre Struktur war und wie diese sich wandelte, wo sie angegriffen wurde, wie sie ausgeübt wurde, was ihr Einfluss war und welche Annahmen jenen Diskurs leiteten, der sie prägte», LEFF (1995), S. 852.
102 Nicht nur danach ist zu fragen, »*was* in der Vergangenheit passiert ist, sondern auch danach, was es für jene *bedeutete*, die wir heute erforschen, und was es für uns selbst bedeutet», KLOPPENBERG (2002), S. 202.

103 BOUWSMA (1981), Zitat nach KLOPPENBERG (2002), S. 201.
104 «Die Geschichtlichkeit aller Ideen und Institutionen, zusammen mit der Unvorhersehbarkeit menschlicher Angelegenheiten, ist mittlerweile allgemein anerkannt.» KLOPPENBERG (2002), S. 209.
105 Siehe dazu ROSS (1995).
106 «Die ‹Denkweisen› aller Individuen sind abhängig von und bezogen auf die Natur jener sozialen Gruppen, denen diese Individuen angehören», LOVEJOY (1940), S. 17.
107 «die Korrektheit der Angemessenheit zu belegen», LOVEJOY (1940), S. 18.
108 LOVEJOY (1940), S. 20.
109 «eine majestätische, logische Vorwärtsbewegung der Geschichte», LOVEJOY (1940), S. 20.
110 «Dennoch muss zugegeben werden, dass alle Philosophen *doch* vernünftig argumentieren, dass die zeitliche Abfolge ihrer Argumentationen, in der ein Denker dem anderen folgt, normalerweise zu einem beträchtlichen Grad logisch motiviert ist und eine logische Abfolge darstellt», LOVEJOY (1940), S. 21.
111 «Aufs Ganze gesehen, kann man wohl kaum behaupten, dass eine politische Theorie wahr sei», SABINE (1951), S. 6, Zitat nach PALONEN (2004), S. 33.
112 SKINNER (1969).
113 Zitat Pocock 1971 nach ASBACH (2002), S. 640.
114 TUCK (1999), S. 12. Zum Ganzen siehe auch ASBACH (2002), S. 640.
115 LOTTES (1996), S. 27.
116 ASBACH (2002), S. 640.
117 Die Aufgabe heißt, «das politische Denken als Diskurs zu rekonstruieren. Das heißt, als eine Sequenz von Sprachakten, die von Handelnden in einem Kontext getan werden, der letztlich durch soziale Strukturen und historische Situationen bestimmt ist.» ASBACH (2002), S. 642.

118 Siehe dazu RAPHAEL (2003), S. 160ff.
119 Dies im Unterschied zu RAPHAEL (2003), S. 161.
120 Ausführlich LÖNNE (2002), S. 96f.
121 LÖNNE (2002), S. 97.
122 CROCE (1928), S. 3, Zitat nach LÖNNE (2002), S. 100.
123 Siehe dazu u.a. SCHIERA (1996). Zur Aufnahme des Konzepts der Begriffsgeschichte in Italien in den siebziger Jahren siehe CHIGNOLA (2000a).
124 Siehe dazu v.a. die Arbeiten von DUSO (1994) und CHIGNOLA (2000b).
125 «Moderne Politik – oder vielleicht eher das System von Begriffen, das in den dunklen Zeiten der Religions- und Bürgerkriege zur Doktrin des Sozialvertrags umgeschmiedet wurde – besteht aus einer Abfolge von Organisationen, die logisch und historisch determiniert ist.» CHIGNOLA (2000b), S. 6f.

II. Gegenwärtige Tendenzen

1 JARAUSCH (2002), S. 17.
2 Dazu wichtig RAPHAEL (2006).
3 So auch JUSSEN (2005), S. XIV/XV.
4 Hinweise auf die Zusammenfassungen der verschiedenen Kritikpunkte bei LOTTES (2002a).
5 LOTTES (1996), S. 27.
6 LOTTES (1996), S. 31.
7 Siehe dazu LOTTES (2002b), S. 262f.
8 Siehe dazu oben Kap. I. 1.2. S. 34ff.
9 Zitat nach ROHE (1990), S. 333.
10 Siehe dazu auch LANGEWIESCHE (1986), S. 9–32.
11 Mit Verweis auf das 19./20. Jahrhundert siehe ebenso MERGEL (2002b), hier bes. S. 581–597.
12 Siehe informativ NOLTE (2002), S. 62f.; ebenso FREVERT (2002).
13 LANGEWIESCHE (1986), S. 18.

14 Dazu die Arbeiten von LORENZ (1995) und SCHORN-SCHÜTTE (2004b).
15 Siehe die Bezeichnung als «Inkubationszeit der Moderne» [MÜNCH (1984), S. 15] und als «Musterbuch der Moderne» [SCHULZE (2000), S. 10].
16 MÜNKLER (1987), S. 101 u. ö.
17 In einer sehr einprägsamen Wendung hat die nordamerikanische Historikerin PEDERSEN (2002), S. 47 f., von einem «political turn» der new political historians gesprochen; der kulturgeschichtlichen Sichtweise sei deutlich geworden, wie entscheidend das Verständnis politischer Institutionen und Ordnungen für eine Zusammenschau der beiden Seiten der politischen Geschichte sei.
18 LOTTES (2002b), S. 263.
19 KOSELLECK et al. (1972–1997).
20 Siehe oben Kapitel I, 1.1.
21 Zu O. Brunner siehe BLÄNKNER (1999).
22 LOTTES (2002b), S. 263.
23 Siehe dazu DIPPER (2000).
24 Siehe dazu knapp auch LANDWEHR (2004), S. 33 f.
25 So auch LOTTES (2002b), S. 264. Die Herausgeber des «Handbuch politisch-sozialer Grundbegriffe in Frankreich» [REICHHARDT (1985)] setzen an dieser Stelle ihre Kritik und ihr eigenes Konzept einer historischen Semantik an; dieses soll sich auf die Rekonstruktion alltäglicher Sprachhandlungen konzentrieren. Dazu knapp mit weiterer Literatur LANDWEHR (2004), S. 38 ff.
26 In knapper Zusammenfassung NONHOFF (2004).
27 Siehe knapp, aber informativ NONHOFF (2004), S. 68 ff.
28 NONHOFF (2004), S. 75.
29 Zur Diskussion der Vorzüge und kritisierten Schwächen des Konzepts der Cambridge School gibt es inzwischen eine Fülle an Literatur; hilfreich zuletzt HELLMUTH/VON EHRENSTEIN (2001).

30 Zur Skizze des Cambridge-Konzepts bei Skinner und Pocock siehe auch LANDWEHR (2004), S. 40–45.
31 HAMPSHER-MONK (1984), S. 105.
32 POCOCK (1975). Bereits in seinem ersten Buch (1957) hatte Pocock mit dem Vorbild des *common law mind* eine eigene politische Sprache im England des 17. Jahrhunderts identifiziert, aus dem sich der Schlüsselbegriff der *ancient constitution* für die Debatten der folgenden Jahrhunderte entwickelte. Siehe dazu PALONEN (2004), S. 45–48.
33 Pocock selbst betont, dass sich das Muster dieses Wandels an dem von Th. S. Kuhn für die Wissenschaftsgeschichte vorgeschlagenen Paradigmenwechsel orientiert; allerdings kann ein solcher Paradigmenwechsel durchaus einem wissenschaftlichen Umbruch entsprechen. Pocock kommt es in der Verknüpfung offensichtlich vor allem darauf an zu zeigen, dass die Traditionen weiterentwickelt werden, denn dies entsprach dem Charakter der alteuropäischen Ordnungen, siehe POCOCK (1975), S. VIIf.
34 HAMPSHER-MONK (1998), S. 40.
35 Siehe dazu auch oben I.3.2., S. 57 ff.
36 Wichtig für diese Argumentation SKINNER (1969).
37 SKINNER (1996), S. 7.
38 SKINNER (1996), S. 7.
39 ROHE (1990), S. 333.
40 ROHE (1990), S. 337.
41 So die Bezeichnungen bei ROHE (1990), bei MERGEL (2002b), bei STOLLBERG-RILINGER, (2005), bei FREVERT (2005a).
42 MERGEL (2005), S. 358.
43 MERGEL (2005), S. 358.
44 PEDERSEN (2002), S. 42 u. ö.
45 MERGEL (2005), S. 362; er verweist dort in Anm. 15 auf den Sprachgebrauch durch den SFB «Das Politische als Kommunikationsraum in der Geschichte», der sich an die Begriffsprägung durch D. Sternberger

anschließt; demgegenüber plädiert Mergel für die Verwendung des Substantivs «Politik». Am methodischen Konzept verändern diese beiden Begriffsfüllungen nichts.

46 Siehe dazu die Kontroverse zwischen NIKLAS (2004) und STOLLBERG-RILINGER (2005) sowie unten Kapitel III.
47 MERGEL (2005), S. 363 ,355.
48 DUBY (1981).
49 LANDWEHR (2004), S. 146.
50 BRÜCKNER (1978).
51 Zum Folgenden SCHORN-SCHÜTTE (2004a) sowie SCHORN-SCHÜTTE (2006a).
52 Zu dieser Debatte gibt es eine Fülle von reichsrechtlicher, ideengeschichtlicher und theologiepolitischer Literatur. Ein Überblick zuletzt bei VON FRIEDEBURG (2002) sowie SCHORN-SCHÜTTE (2006b).
53 SCATTOLA (2005), S. 486.
54 Siehe DIPPER (2006). Die Skepsis erscheint allerdings überflüssig: Der «Dritte Weg» der politica christiana, der sich, wie auch Dipper einräumt, als bislang unbeachteter identifizieren lässt, war in der politischen Praxis durchaus relevant. Diese zeigt sich ja nicht nur in der Wirkung über mehrere Generationen; es ist auch ausreichend, das politische Deutungsmuster in seiner Dominanz über zwei Generationen in Frage gestellt zu haben.
55 SKINNER (1978).
56 «einen besonderen Weg der Untersuchung und Interpretation von historischen Texten zu versuchen. [...] Ich halte es für nicht weniger unverzichtbar, den intellektuellen Kontext mit einzubeziehen, in dem die Texte entstanden sind. [...] Daher habe ich versucht, eine Geschichte zu schreiben, die weniger um die klassischen Texte kreist und sich mehr mit der Geschichte der Ideologien befasst, da mein Ziel war, einen allgemeinen Rahmen zu konstruieren, in

dem die Schriften prominenterer Autoren angemessen platziert werden können.» SKINNER (1978), S. X/XI.
57 Siehe dazu den exzellenten Überblick bei RODGERS (1992).
58 Getragen wurde der Deutungswandel durch die Werke von B. Bailyn (1969), G. S. Wood (1969) und J.G. A. Pocock (1975); genaue bibliographische Nachweise bei RODGERS (1992), S. 16 mit Anm. 10.
59 Erste Ergebnisse eines europäischen Forschungsprojektes dazu liegen vor in SKINNER/VAN GELDEREN (2002).
60 Hier ist von Gewicht APPLEBY (1992).
61 Siehe dazu die Arbeiten von SCHILLING (1988) und BLICKLE (1997), die sich inhaltlich durchaus voneinander unterscheiden, in der hier wichtigen Argumentationsrichtung aber parallel schreiben. Dass diese Untersuchungen kaum etwas mit dem Ansatz der Republikanismusdiskussion in der nordamerikanischen Geschichtsschreibung zu tun haben, ist offensichtlich.
62 Zuletzt als umfassende Bestandsaufnahme MAGER (2004). Einen konzisen Überblick gibt MAISSEN (2002).
63 Dies ist gegen MAISSEN (2002) und dessen anders lautende Argumentation Sp. 722 festzuhalten.
64 Zu dieser unendlichen Debatte siehe mit neuen Aspekten MAISSEN (2002) sowie HAUG-MORITZ (2005).
65 Siehe u.a. NOLTE (1992).
66 NOLTE (1992), S. 751.
67 BLÄNKNER (2006), S. 340f.
68 BLÄNKNER (2006), S. 348.
69 BLÄNKNER (2006), S. 347.
70 BLÄNKNER (2006), S. 348.
71 BLÄNKNER (2006), S. 352, 360.
72 Siehe z.B. SERESSE (2005), der sich allerdings nicht

ganz nachvollziehbar vom methodischen Ansatz der Cambridge School zu unterscheiden versucht.

73 «Autonomisierung der Politik in diesem historischen Kontext [...] bedeutet nicht die grundsätzliche Ablösung des Politischen vom Religiösen. [...] *Vera religio* bleibt auch in der nachkonfessionellen Begründung des Politischen zunächst das *vinculum rei publicae*.» Diese Charakterisierung durch BLÄNKNER (2005), S. 83, trifft den Sachverhalt für das 16./17. Jahrhundert sehr genau.

74 SCHLÖGL (2005), S. 120.
75 Siehe dazu SCHLÖGL (2005), S. 116.
76 SCHLÖGL (2005), S. 116 f.
77 SCHLÖGL (2005), S. 119.
78 SCHLÖGL (2005), S. 120.
79 SCHLÖGL (2005), S. 121.
80 SCHLÖGL (2005), S. 128.
81 Dazu knapp, aber informativ EMICH (2006), S. 137–140.
82 STOLLBERG-RILINGER (2004), S. 514.
83 STOLLBERG-RILINGER (2004), S. 514.
84 Siehe dazu STOLLBERG-RILINGER (2004), S. 514, 523.
85 STOLLBERG-RILINGER (2004), S. 522.
86 STOLLBERG-RILINGER (2004) spricht S. 522, Anm. 104, von «symbolischer Inszenierung».
87 Siehe dazu MERGEL (2002a), S. 21.
88 MERGEL (2002a), S. 20.
89 MERGEL (2002a), S. 21.
90 MERGEL (2002a), S. 22.
91 Dieser Unterscheidung liegen die beiden methodischen Konzepte der Sprechakttheorie und der Diskursanalyse zugrunde, die auch für die Cambridge School eine Rolle spielten. Siehe dazu oben S. 80 f.; bei MERGEL (2002a), S. 22, mit Anm. 41.
92 MERGEL (2002a), S. 27.
93 MERGEL (2002a), S. 30.

94 LEONHARD (2001), S. 61.
95 LEONHARD (2001), S. 72.
96 LEONHARD (2001), S. 72.
97 LEONHARD (2001), S. 73 f.
98 LEONHARD (2001) bezeichnet dies als «semantischen Kulturtransfer».
99 Vgl. dazu z. B. auch den sehr aufschlussreichen Beitrag von MOLLIN (2000).

III. Ausblick

1 Diese Kritik formuliert u. a. WEISBROD (2004). Dazu als Stellungnahme MERGEL (2005), S. 363 f., zudem HAUPT (2005), S. 311 f.
2 MERGEL (2005), S. 365.
3 Dies ist der Kern der Kontroverse zwischen Th. Niklas und B. Stollberg-Rilinger, wie Kap. II, Anm. 46.
4 STOLLBERG-RILINGER (2005), S. 16.
5 Hier argumentiere ich anders als STOLLBERG-RILINGER (2005), S. 19.
6 Siehe den Hinweis auch bei HAUPT (2005), S. 312.

Literatur

APPLEBY, Joyce (1992), Liberalism and Republicanism in the Historical Imagination, Cambridge.

ASBACH, Olaf (2002), Von der Geschichte politischer Ideen zur ‹History of political discourse›? Skinner, Pocock und die «Cambridge School», in: Zeitschrift für Politikwissenschaft 12, S. 637–667.

BABEROWSKI, Jörg (2005), Der Sinn der Geschichte. Geschichtstheorien von Hegel bis Foucault, München.

BEARD, Charles (1913), An Economic Interpretation of the Constitution of the United States, New York.

BERDING, Helmut (1971), Leopold von Ranke, in: Deutsche Historiker, hrsg. von Hans–Ulrich WEHLER, Göttingen, S. 7–24.

BLÄNKNER, Reinhard (1999), Von der «Staatsbildung» zur «Volkwerdung». Otto Brunners Perspektivenwechsel der Verfassungshistorie im Spannungsfeld zwischen völkischem und alteuropäischem Geschichtsdenken, in: Alteuropa oder Frühe Moderne? Deutungsversuche der Frühen Neuzeit aus dem Krisenbewußtsein der Weimarer Republik in Theologie, Rechts- und Geschichtswissenschaft (Zeitschrift für Historische Forschung. Beiheft 23), hrsg. von Luise SCHORN-SCHÜTTE, Berlin, S. 87–135.

BLÄNKNER, Reinhard (2005), Historizität, Institutionalität, Symbolizität, in: Was heißt Kulturgeschichte des Politischen? (Zeitschrift für Historische Forschung. Beiheft 35), hrsg. von Barbara STOLLBERG-RILINGER, Berlin, S. 71–96.

BLÄNKNER, Reinhard (2006), Tugend, Verfassung, Zivilreligion. Normative Integration im aufgeklärten Liberalismus, in: Politik der Integration. Symbole, Repräsentation, Institution, FS für G. Göhler zum 65. Geburtstag, hrsg. von Hubertus BUCHSTEIN und Rainer SCHMALZ-BRUNS, Baden-Baden, S. 339–367.

BLEEK, Wilhelm (2001), Geschichte der Politikwissenschaft in Deutschland, München.

BLICKLE, Peter (1997), Einführung. Mit den Gemeinden Staat machen, in: Gemeinde und Staat im Alten Europa (Historische Zeitschrift. Beihefte N.F. 25), hrsg. von Peter BLICKLE, München, S. 1–22.

BÖHME, Helmut (2000), «Primat» und «Paradigmata». Zur Entwicklung einer bundesdeutschen Zeitgeschichtsschreibung am Beispiel des Ersten Weltkrieges, in: Historikerkontroversen (Göttinger Gespräche zur Geschichtswissenschaft 10), hrsg. von Hartmut LEHMANN, Göttingen, S. 87–140.

BOUWSMA, William J. (1981), From History of Ideas to History of Meaning, in: Journal of Interdisciplinary History 12, S. 279–291.

PtBREISACH, Ernst A. (1993), American Progressive History. An Experiment in Modernization, Chicago.

BRÜCKNER, Wolfgang (1978), Erneuerung als selektive Tradition. Kontinuitätsfragen im 16. und 17. Jahrhundert aus dem Bereich der konfessionellen Kultur, in: Der Übergang zur Neuzeit und die Wirkung von Traditionen (Veröffentlichungen der Joachim Jungius-Gesellschaft der Wissenschaften Hamburg 32), Göttingen, S. 35–78.

BURCKHARDT, Jacob (1930), Gesamtausgabe, Bd. 1: Frühe Schriften, Stuttgart.

CHICKERING, Roger (2000), The Lamprecht Controversy, in: Historikerkontroversen (Göttinger Gespräche zur Geschichtswissenschaft 10), hrsg. von Hartmut LEHMANN, Göttingen, S. 15–29.

CHIGNOLA, Sandro (2000a), Begriffsgeschichte in Italy. On the Logic of Modern Political Concepts, in: History of Concepts Newsletter, Huizinga Instituut Amsterdam, S. 1–15.

CHIGNOLA, Sandro (2000b), Tra storia delle dottrine e filosofia politica. Di alcune modalità della ricezione italiana della Begriffsgeschichte, in: Il Pensiero politico 2, S. 242–264.

CORNELISSEN, Christoph (2002), Der wiederentstandene Historismus. Nationalgeschichte in der Bundesrepublik der fünfziger Jahre, in: Die historische Meistererzählung. Deutungslinien der deutschen Nationalgeschichte nach 1945, hrsg. von Konrad H. JARAUSCH und Martin SABROW, Göttingen. S. 78–108.

CROCE, Benedetto (1928), Geschichte Italiens 1871–1915, übers. durch E. Wilmersdorfer, Berlin.

DANIEL, Ute (2001), Kompendium Kulturgeschichte. Theorien, Praxis, Schlüsselwörter, Frankfurt am Main.

DEHIO, Ludwig (1996), Gleichgewicht oder Hegemonie. Betrachtungen über ein Grundproblem der neueren Staatengeschichte (zuerst 1948), Neudr. Darmstadt.

DIPPER, Christof (2000), Die «Geschichtlichen Grundbegriffe». Von der Begriffsgeschichte zur Theorie der historischen Zeiten, in: Historische Zeitschrift 270, S. 281–308.

DIPPER, Christof (2006), Kommentar, in: Ideen als gesellschaftliche Gestaltungskraft im Europa der Neuzeit. Beiträge für eine erneuerte Geistesgeschichte (Ordnungssysteme 20), hrsg. von Lutz RAPHAEL und Heinz-Elmar TENORTH, München, S. 153–158.

DROYSEN, Johann Gustav (1977), Historik, Vorlesungen über Enzyklopädie und Methodologie der Geschichte, hrsg. von Rudolf HÜBNER, Bd. 1, Stuttgart.

DUBY, George (1981), Die drei Ordnungen. Das Weltbild des Feudalismus, Frankfurt am Main.

DUSO, Giuseppe (1994), Historisches Lexikon e storia dei concetti, in: Filosofia politica 8.1, S. 109–120.

EHMKE, Horst (1962), Staat und Gesellschaft als verfassungstheoretisches Problem, in: Staatsverfassung und Kirchenordnung. FS für Rudolf Smend zum 80. Geburtstag, hrsg. von Konrad HESSE, Tübingen, S. 23–49.

EMICH, Birgit (2006), Geschichte der Frühen Neuzeit studieren, Konstanz.

EVANS, Richard J. (1998), Fakten und Fiktionen. Über die Grundlagen historischer Erkenntnis, Frankfurt am Main/New York.

FISCHER, Fritz (1961), Griff nach der Weltmacht. Die Kriegszielpolitik des kaiserlichen Deutschlands 1914/18, Düsseldorf.

FISCHER, Fritz (1969), Krieg der Illusionen. Die deutsche Politik von 1911 bis 1914, Düsseldorf.

FREVERT, Ute (2002), Neue Politikgeschichte, in: Kompass der Geschichtswissenschaft, hrsg. von Günther LOTTES und Jochim EIBABCH, Göttingen, S. 152–164.

FREVERT, Ute (2005a), Politikgeschichte: Konzepte und Herausforderungen, in: Neue Politikgeschichte. Perspektiven einer historischen Politikforschung (Historische Politikforschung 1), hrsg. von dies./Heinz-Gerhard HAUPT, Frankfurt am Main/New York, S. 7–26.

FREVERT, Ute/Heinz-Gerhard HAUPT (2005a), Neue Politikgeschichte. Perspektiven einer historischen Politikforschung (Historische Politikforschung 1), Frankfurt am Main/New York.

FRIEDEBURG, Robert von (2002), Self-Defence and Religious Strife in Early Modern Europe. England and Germany 1530–1680 (St. Andrews Studies in Reformation History), Aldershot.

GILBERT, Felix (1992), Geschichte – Politik oder Kultur? Rückblick auf einen klassischen Konflikt (Edition Pandora 6), Frankfurt am Main.

GROSSE KRACHT, Klaus (2005), Die zankende Zunft. Historische Kontroversen in Deutschland nach 1945, Göttingen.

GROTHE, Ewald (2005), Zwischen Geschichte und Recht. Deutsche Verfassungsgeschichtsschreibung 1900–1970 (Ordnungssysteme 16), München.

GÜNTHER, Frieder (2004), Denken vom Staat her. Die bundesdeutsche Staatsrechtslehre zwischen Dezision und Integration 1949–1970 (Ordnungssysteme 15), München.

GUSY, Christoph (2005), Verfassungsumbruch und Staatsrechtswissenschaft: Die Verfassung des Politischen zwischen Konstitutionalismus und demokratischer Republik, in: Neue Politikgeschichte. Perspektiven einer historischen Politikforschung (Historische Politikforschung 1), hrsg. von Ute

FREVERT und Heinz-Gerhard HAUPT, Frankfurt am Main/New York, S. 166–201.

HAMPSHER-MONK, Iain (1984), Political Languages in Time – The Work of J. G. A. Pocock, in: British Journal of Political Science 14.1, S. 89–116.

HAMPSHER-MONK, Iain (1998), Speech acts, Languages and Conceptual History, in: History of Concepts. Comparative Perspectives, hrsg. von Iain HAMPSHER-MONK u. a., Amsterdam, S. 37–51.

HARTUNG, Fritz (1929), Verfassungslehre, in: Zeitschrift für die gesamte Staatswissenschaft 87, S. 225–239.

HAUG-MORITZ, Gabriele (2005), Ob wir uns auch mit Gott/Recht und gutem Gewissen/wehren mögen/und Gewalt mit Gewalt vertreiben? Zur Widerstandsdiskussion des Schmalkaldischen Krieges, in: Das Interim 1547/48. Herrschaftskrise und Glaubenskonflikt (Schriften des Vereins für Reformationsgeschichte 203), hrsg. von Luise SCHORN-SCHÜTTE, Gütersloh, S. 488–509.

HAUPT, Heinz-Gerhard (2005), Historische Politikforschung. Praxis und Probleme, in: Neue Politikgeschichte. Perspektiven einer historischen Politikforschung (Historische Politikforschung 1), hrsg. von Ute FREVERT und Heinz-Gerhard HAUPT, Frankfurt am Main/New York. S. 304–313.

HELLMUTH, Eckhard/ EHRENSTEIN, Christoph von (2001), Intellectual History made in Britain. Die Cambridge School und ihre Kritiker, in: Geschichte und Gesellschaft 27, S. 149–172.

HILLGRUBER, Andreas (1973), Politische Geschichte in moderner Sicht, in: Historische Zeitschrift 216, S. 529–552.

HINTZE, Otto (1895), Rezension zu W. Roscher, Politik, in: Historische Zeitschrift 75, S. 96–98.

HINTZE, Otto (1929a), Rezension zu C. Schmitt, Verfassungslehre, in: Historische Zeitschrift 139, 562–568.

HINTZE, Otto (1929b), Rezension zu R. Sohm, Verfassung und Verfassungsrecht, in: Historische Zeitschrift 139, S. 557–562.

HINTZE, Otto (1970), Staatenbildung und Verfassungsentwicklung. Eine historisch-politische Studie [zuerst 1902], in: Otto Hintze. Gesammelte Abhandlungen, hrsg. von Gerhard OESTREICH, Bd. 1: Staat und Verfassung, Göttingen, S. 34–51.

HINTZE, Otto (1982), Roschers politische Entwicklungstheorie (1897), in: Otto Hintze. Gesammelte Abhandlungen, Bd. 2: Soziologie und Geschichte, hrsg. und eingel. von Gerhard OESTREICH, Göttingen, S. 3–45.

HÜBINGER, Gangolf (1988), Staatstheorie und Politik als Wissenschaft im Kaiserreich: Georg Jellinek, Otto Hintze, Max Weber, in: Politik, Philosophie, Praxis. FS für Wilhelm Hennis, hrsg. von Hans MAIER, Stuttgart, S. 143–161.

IGGERS, George G. (1971), Deutsche Geschichtswissenschaft. Eine Kritik der traditionellen Geschichtsauffassung von Herder bis zur Gegenwart, München.

IGGERS, George G. (1993), Geschichtswissenschaft im 20. Jahrhundert. Ein kritischer Überblick im internationalen Zusammenhang, Göttingen.

JÄGER, Wolfgang (1984), Historische Forschung und politische Kultur in Deutschland. Die Debatte 1914–1980 über den Ausbruch des Ersten Weltkrieges (Kritische Studien zur Geschichtswissenschaft 61), Göttingen.

JARAUSCH, Konrad/SABROW, Martin (2002), «Meistererzählung» – zur Karriere eines Begriffs, in: Die historische Meistererzählung. Deutungslinien der deutschen Nationalgeschichte nach 1945, hrsg. von Konrad JARAUSCH und Martin SABROW, Göttingen, S. 9–32.

JUSSEN, Bernhard (2005), Um 2005 – Diskutieren über Könige im vormodernen Europa. Einleitung, in: Die Macht des Königs. Herrschaft in Europa vom Frühmittelalter bis in die Neuzeit, hrsg. von Bernhard JUSSEN, München, S. XI–XXIV.

KLOPPENBERG, James T. (2002), Intellectual History, Democracy, and the Culture of Irony, in: The State of U. S. History, hrsg. von Melvin STOKES, Oxford/New York, S. 199–222.

KNUDSEN, Jonathan B. (1994), Friedrich Meinecke (1862–1954), in: Paths of Continuity. Central European Historiography from 1930 to the 1950s, hrsg. von Hartmut LEHMANN und James van HORN MELTON, Cambridge, S. 49–71.

KOSELLECK, Reinhart et al. (Hgg.) (1972–1997), Geschichtliche Grundbegriffe. Historisches Lexikon zur politischsozialen Sprache in Deutschland, 8 Bde., Stuttgart.

KRAUS, Hans-Christof (2000), Verfassungslehre und Verfassungsgeschichte. Otto Hintze und Fritz Hartung als Kritiker Carl Schmitts, in: Staat – Souveränität – Verfassung. FS für Helmut Quaritsch, hrsg. von Dietrich MURSWIEK und Helmut QUARITSCH, Berlin, S. 637–661.

LANDWEHR, Achim (2004), Geschichte des Sagbaren. Einführung in die historische Diskursanalyse (Historische Einführungen 8), 2. Aufl. Tübingen.

LANGEWIESCHE, Dieter (1986), Sozialgeschichte und politische Geschichte, in: Sozialgeschichte in Deutschland I, hrsg. von Wolfgang SCHIEDER und Volker SELLIN, Göttingen, S. 9–32.

LEFF, Mark (1995), Revisioning U. S. Political History, in: American Historical Review 100, S. 829–853.

LEONHARD, Jörn (2001), Liberalismus. Zur historischen Semantik eines europäischen Deutungsmusters (Veröffentlichungen des Deutschen Historischen Instituts London 50), München.

LINGELBACH, Gabriele (2003), Klio macht Karriere. Die Institutionalisierung der Geschichtswissenschaft in Frankreich und den USA in der zweiten Hälfte des 19. Jahrhunderts (Veröffentlichungen des Max-Planck-Instituts für Geschichte 181), Göttingen.

LÖNNE, Karl-Egon (2002), Benedetto Croce. Vermittler zwischen deutschem und italienischem Geistesleben, Tübingen/Basel.
LORENZ, Chris (1995), Beyond good and evil? The German empire of 1871 and modern German historiography, in: Journal of Contemporary History 30, S. 729–767.

LOTTES, Günther (1996), «The State of Art». Stand und Perspektiven der «intellectual history», in: Neue Wege der Ideengeschichte. FS für Kurt Kluxen zum 85. Geburtstag, hrsg. von Frank-Lothar KROLL, Paderborn, S. 27–45.

LOTTES, Günther (2002b), Neue Ideengeschichte, in: Kompass der Geschichtswissenschaft. Ein Handbuch, hrsg.

von Günther LOTTES und Joachim EIBACH, Göttingen, S. 261–269.

LOTTES, Günther/EIBACH, Joachim (2002a), Kompass der Geschichtswissenschaft, Ein Handbuch, Göttingen.

LOVEJOY, Arthur O. (1940), Reflections on the History of Ideas, in: Journal of the History of Ideas 1, S. 3–23.

MAGER, Wolfgang (2004), Genossenschaft, Republikanismus und konsensgestützte Herrschaft. Zur Konzeptionalisierung der politischen Ordnung in der mittelalterlichen und frühneuzeitlichen deutschen Stadt, in: Aspekte der politischen Kommunikation im Europa des 16. und 17.Jahrhunderts. Politische Theologie – Res Publica-Verständnis – konsensgestützte Herrschaft, hrsg. von Luise SCHORN-SCHÜTTE, München, S. 13–122.

MAISSEN, Thomas (2002), Art. Republik, in: Der Neue Pauly. Enzyklopädie der Antike, hrsg. von Manfred LANDFESTER u. a., Stuttgart/Weimar/Wien, Bd. 15, Sp. 714–741.

MEINECKE, Friedrich (1925), Die Idee der Staatsräson in der neueren Geschichte, 2. Aufl. Berlin/München.

MEINECKE, Friedrich (1959), Persönlichkeit und geschichtliche Welt, (1. Aufl. 1918, 2. Aufl. 1922), in: Friedrich Meinecke. Werke, Bd. IV: Zur Theorie und Philosophie der Geschichte, hrsg. von Eberhard KESSEL, Stuttgart, S. 30–60.

MERGEL, Thomas (2002a), Parlamentarische Kultur in der Weimarer Republik. Politische Kommunikation, symbolische Politik und Öffentlichkeit im Reichstag (Beiträge zur Geschichte des Parlamentarismus und der politischen Parteien 135), Düsseldorf.

MERGEL, Thomas (2002b), Überlegungen zu einer Kulturgeschichte der Politik, in: Geschichte und Gesellschaft 28, S. 574–606.

MERGEL, Thomas (2005), Wahlkampfgeschichte als Kulturgeschichte. Konzeptionelle Überlegungen und empirische Beispiele, in: Was heißt Kulturgeschichte des Politischen? (Zeitschrift für Historische Forschung. Beiheft 35), hrsg. von Barbara STOLLBERG-RILINGER, Berlin, S. 355–376.

MOLLIN, Gerhard T. (2000), Internationale Beziehungen als Gegenstand der deutschen Neuzeit-Historiographie seit dem 18. Jahrhundert. Eine Traditionskritik in Grundzügen und Beispielen, in: Internationale Geschichte. Themen – Ergebnisse – Aussichten (Studien zur Internationalen Geschichte 10), hrsg. von Wilfried LOTH und Jürgen OSTERHAMMEL, München, S. 3–30.

MÜNCH, Paul (1984), Ordnung, Fleiß und Sparsamkeit. Texte und Dokumente zur Entstehung der «bürgerlichen Tugenden», München.

MÜNKLER, Herfried (1987), Im Namen des Staates. Die Begründung der Staatsraison in der Frühen Neuzeit, Frankfurt/Main.

NIKLAS, Thomas (2004), Macht – Politik – Diskurs. Möglichkeiten und Grenzen einer Politischen Kulturgeschichte, in: Archiv für Kulturgeschichte 86, S. 1–25.

NOLTE, Paul (1992), Der südwestdeutsche Frühliberalismus in der Kontinuität der Frühen Neuzeit, in: Geschichte in Wissenschaft und Unterricht 43, S. 743–756.

NOLTE, Paul (1997), Gesellschaftstheorie und Gesellschaftsgeschichte. Umrisse einer Ideengeschichte der modernen Gesellschaft, in: Geschichte zwischen Kultur und

Gesellschaft. Beiträge zur Theoriedebatte, hrsg. von Thomas MERGEL und Th. WELSKOPP, München, S. 275–298.

NOLTE, Paul (2002), Historische Sozialwissenschaft, in: Kompass der Geschichtswissenschaft. Ein Handbuch, hrsg. von Günther LOTTES und Joachim EIBACH, Göttingen, S. 53–68.

NONHOFF, Martin (2004), Diskurs, in: Politische Theorie. 22 umkämpfte Begriffe zur Einführung, hrsg. von Gerhard GÖHLER, Matthias ISER und Ina KERNER, Opladen, S. 65–82.

OESTREICH, Gerhard (1982), Otto Hintzes Stellung zur Politikwissenschaft und Soziologie, in: Otto Hintze, Gesammelte Abhandlungen, Bd. 2, hrsg. von Gerhard OESTREICH, 3. Aufl. Göttingen, S. 7*–67*.

OEXLE, Otto Gerhard (1996), Meineckes Historismus. Über Kontext und Folgen einer Definition, in: Historismus in den Kulturwissenschaften. Geschichtskonzepte, historische Einschätzungen, Grundlagenprobleme (Beiträge zur Geschichtskultur 12), hrsg. von Otto Gerhard OEXLE und Jörn RÜSEN, Köln/Weimar/Wien, S. 139–199.

PALONEN, Kari (1985), Politik als Handlungsbegriff. Horizontwandel des Politikbegriffs in Deutschland 1890–1933 (Commentationes scientiarium socialium 28), Helsinki.

PALONEN, Kari (2004), Die Entzauberung der Begriffe. Das Umschreiben der politischen Begriffe bei Quentin Skinner und Reinhart Koselleck (Politische Theorie 2), Münster.

PEDERSEN, Susan (2002), What is Political History Now?, in: What is History now?, hrsg. von David CANNADINE, New York, S. 36–56.

POCOCK, John G. A. (1975), The Machiavellian Moment. Florentine republic thought and the Atlantic republican tradition, Princeton/London.

POCOCK, John G. A. (1957), The Ancient Constitution and Feudal Law, Cambridge.

RANKE, Leopold von (1887), Sämtliche Werke, Bd. 49/50, Leipzig.

RAPHAEL, Lutz (2003), Geschichtswissenschaft im Zeitalter der Extreme. Theorien, Methoden, Tendenzen von 1900 bis zur Gegenwart, München.

RAPHAEL, Lutz/TENORTH, Heinz–Elmar (2006), Ideen als gesellschaftliche Gestaltungskraft im Europa der Neuzeit. Beiträge für eine erneuerte Geistesgeschichte (Ordnungssysteme 20), München.

REICHARDT, Rolf/SCHMITT, Eberhard (1985 ff.) (Hgg.), Handbuch politisch-sozialer Grundbegriffe in Frankreich, München.

RIEDEL, Manfred (1963), Der Staatsbegriff der deutschen Geschichtsschreibung des 19. Jahrhunderts in seinem Verhältnis zur klassisch-politischen Philosophie, in: Der Staat 2, S. 41–63.

ROBINSON, James Harvey (1906), Conception and Methods of History, in: Congress of arts and science. Universal Exposition St. Louis 1904, Bd. 2, hrsg. von Howard Jason ROGERS, Boston, S. 40–61.

RODGERS, Daniel T. (1992), Republicanism: the Career of a Concept, in: The Journal of American History 79, S. 11–38.

ROHE, Karl (1990), Politische Kultur und ihre Analyse. Probleme und Perspektiven der politischen Kulturforschung, in: Historische Zeitschrift 250, S. 321–346.

ROSCHER, Wilhelm (1892), Politik. Geschichtliche Naturlehre der Monarchie, Aristokratie und Demokratie, Stuttgart.

ROSS, Dorothy (1995), Grand Narrative in American Historical Writing: From Romance to Uncertainty, in: American Historical Review 100, S. 651–675.

SABINE, George H. (1951), A History of Political Theory, London u.a.

SCATTOLA, Merio (1999), Das Naturrecht vor dem Naturrecht. Zur Geschichte des ius naturae im 16. Jahrhundert (Frühe Neuzeit 52), Tübingen.

SCATTOLA, Merio (2005), Widerstandsrecht und Naturrecht im Umkreis von Philipp Melanchthon, in: Das Interim 1548/50. Herrschaftskrise und Glaubenskonflikt (Schriften des Vereins für Reformationsgeschichte 203), hrsg. von Luise SCHORN-SCHÜTTE, Gütersloh, S. 459–487.

SCHIERA, Pierangelo (1996), Considerazione sulla Begriffsgeschichte a partire dai Geschichtliche Grundbegriffe di Brunner, Conze e Koselleck, in: Societa e storia 72, S. 403–411.

SCHILLING, Heinz (1988), Gab es im späten Mittelalter und zu Beginn der Neuzeit in Deutschland einen städtischen «Republikanismus»? Zur politischen Kultur des alteuropäischen Stadtbürgertums, in: Republiken und Republikanismus im Europa der frühen Neuzeit, hrsg. von Helmut G. KOENIGSBERGER, München, S. 101–143.

SCHLÖGL, Rudolf (2005), Interaktion und Herrschaft. Probleme der politischen Kommunikation in der Stadt, in: Was heißt Kulturgeschichte des Politischen? (Zeitschrift für Historische Forschung. Beiheft 35), hrsg. von Barbara STOLLBERG-RILINGER, Berlin, S. 115–128.

SCHORN-SCHÜTTE, Luise (1984), Karl Lamprecht. Kulturgeschichtsschreibung zwischen Wissenschaft und Politik, München.

SCHORN-SCHÜTTE, Luise (2004a), Obrigkeitskritik und Widerstandsrecht. Die politica christiana als Legitimitätsgrundlage, in: Aspekte der politischen Kommunikation im Europa des 16. und 17. Jahrhunderts, hrsg. von Luise SCHORN-SCHÜTTE, München, S. 195–232.

SCHORN-SCHÜTTE, Luise (2004b), Wozu noch Geschichtswissenschaften? Überlegungen zu einem Thema des ausgehenden 20. Jahrhunderts, in: Sind wir noch das Volk der Dichter und Denker? (Universitätsreden), Heidelberg, S. 9–20.

SCHORN-SCHÜTTE, Luise (2006a), Kommunikation über Herrschaft: Obrigkeitskritik im Alten Reich, in: Ideen als gesellschaftliche Gestaltungskraft im Europa der Neuzeit. Beiträge für eine erneuerte Geistesgeschichte, hrsg. von Lutz RAPHAEL und Heinz-Elmar TENORTH, München, S. 71–108.

SCHORN-SCHÜTTE, Luise (2006b), Politische Kommunikation in der Frühen Neuzeit. Obrigkeitskritik im Alten Reich, in: Geschichte und Gesellschaft 32.

SCHULZE, Winfried (2000), Einladung in die Frühe Neuzeit, in: Oldenbourg Geschichte Lehrbuch: Frühe Neuzeit, hrsg. von Anette VÖLKER-RASOR, München, S. 9–11.

SELLIN, Volker (1978), Art. Politik, in: Geschichtliche Grundbegriffe Bd. 4, Stuttgart, S. 789–874.

SERESSE, Volker (2005), Politische Normen in Kleve-Mark während des 17. Jahrhunderts. Argumentationsgeschichtliche und herrschaftstheoretische Zugänge zur politischen Kultur in der frühen Neuzeit, Epfendorf.

SIMON, Christian (1996), Historiographie. Eine Einführung, Stuttgart.

SKINNER, Quentin (1969), Meaning and Understanding in the History of Ideas, in: History and Theory 8, S. 3–53.

SKINNER, Quentin (1978), The Foundations of Modern Political Thought, 2 Bde., Cambridge.

SKINNER, Quentin (1996), Reason and Rhetoric in the Philosophy of Hobbes, Cambridge.

SKINNER, Quentin/VAN GELDEREN, Martin (2002), Republicanism. A Shared European Heritage, 2 Bde., Cambridge.

SMEND, Rudolf (1928), Verfassung und Verfassungsrecht, München/Leipzig.

STOLLBERG-RILINGER, Barbara (2004), Symbolische Kommunikation in der Vormoderne. Begriffe – Forschungsperspektiven – Thesen, in: Zeitschrift für Historische Forschung 31, S. 489–527.

STOLLBERG-RILINGER, Barbara (2005), Was heißt Kulturgeschichte des Politischen?, in: Was heißt Kulturgeschichte des Politischen? (Zeitschrift für Historische Forschung. Beiheft 35) hrsg. von Barbara STOLLBERG-RILLINGER, Berlin, S. 9–24.

STOLLEIS, Michael (1999), Geschichte des Öffentlichen Rechts in Deutschland Bd. 3, München.

TREITSCHKE, Heinrich von (1922), Politik. Vorlesungen gehalten an der Universität zu Berlin, 5. Aufl. Leipzig.

TREITSCHKE, Heinrich von (1927), Die Gesellschaftswissenschaft, Halle/Saale.

TUCK, Richard (1999), Hobbes, Freiburg/Basel/Wien.

TUCK, Stephen (2005), Historiographical Review: The New American Histories, in: Historical Journal 48, S. 811–832.

WEHLER, Hans-Ulrich (1975), ‹Moderne› Politikgeschichte oder ‹Große Politik der Kabinette›?, in: Geschichte und Gesellschaft 1, S. 344–369.

WEHLER, Hans-Ulrich (1980), Vorwort, in: Historische Sozialwissenschaft und Geschichtsschreibung, hrsg. von Hans-Ulrich WEHLER, Göttingen, S. 7–25

WEISBROD, Bernd (2004), Das Politische und die Grenzen der politischen Kommunikation, in: Geschichte als Experiment. FS für Adelheid v. Saldern, hrsg. von Daniela MÜNKEL und Jutta SCHWARTZKOPF, Frankfurt/Main, S. 99–112.

Glossar

BEGRIFFSGESCHICHTE

Geprägt durch die Historiker R. Koselleck, W. Conze und O. Brunner, Hauptwerk «Geschichtliche Grundbegriffe». Ausgangspunkt ist die Überlegung, dass Begriffe wandelbare Inhalte haben bzw. dass dieselben Begriffe in verschiedenen historischen Umständen unterschiedlich verwendet wurden. Insofern ist die Geschichte der Begriffsbedeutungen und -verwendungen nicht nur Sprach- oder Wortgeschichte, sondern dokumentiert den Wandel der politischen und gesellschaftlichen Verhältnisse. Inhaltliche Grundannahme der deutschen Begriffsgeschichte war, dass die Begriffe der modernen politischen Welt in der Zeit um 1800 eine entscheidende Veränderung hin zu ihren modernen Inhalten und Verwendungsweisen erfuhren («Sattelzeit»).

CAMBRIDGE SCHOOL

Eine Gruppe («Schule») von englischen Historikern um Q. Skinner und J. G. A. Pocock. In der Kritik der traditionellen angloamerikanischen Ideengeschichte (A. Lovejoy) entwickelte die C. S. ihr neues methodisches Konzept der «political language», das sich v. a. durch eine verstärkte Kontextualisierung der «großen» theoretischen Klassiker auszeichnete. Im Anschluss an die Sprachphilosophie Searles und Austins fasst die C. S. Sprechen als Handeln auf.

GESELLSCHAFTS-/SOZIALGESCHICHTE (DER POLITIK)

Ursprünglich als Gegenbewegung zur übermächtigen Rolle politischer Phänomene in der Geschichtswissenschaft entstanden, beschäftigte sich die Sozialgeschichte seit den 1970er Jahren in erster Linie mit den sozialen Strukturen vergangener Gesellschaften. Eine Übernahme sozialwissenschaftlicher Theorien und Methoden, v. a. statistischer Verfahren, ergänzte diese Neuorientierung. Entsprechend fand eine Rückbindung auch traditionell als ‹politisch› bezeichneter Themen an diese sozialen Strukturen statt.

HISTORISMUS
Allgemein die Annahme, dass die historische Dimension – also die Abhängigkeit von zeitgebundenen Umständen – von entscheidender Bedeutung ist, um Dinge und Zustände zu verstehen und zu bewerten. Spezieller benennt man mit H. die dominante Form der Geschichtswissenschaft im 19. Jahrhundert, die in Absetzung vom Hegelianismus für eine nicht mehr moralisch wertende Betrachtung der Vergangenheit eintrat. Zu diesem Zweck entwickelte der Historismus ein ausgefeiltes methodisches Instrumentarium, die historisch-kritische Methode.

HÖHENKAMMLITERATUR
(Meist polemisch gebrauchte) Bezeichnung für einen Kanon von etablierten Texten der Geistesgeschichte, auf dessen Interpretation sich die traditionelle Ideengeschichte beschränkte. Der Begriff unterstellt, dass in diesem Kanon «große Geister» einen einheitlichen Austausch über ewige und unwandelbare theoretische Probleme der Menschheit führten.

INSTITUTIONENGESCHICHTE
Ein Themenfeld der Geschichtswissenschaft, das sich insbesondere der Geschichte von Institutionen zuwendet, in einem zu Recht kritisierten einfachen Verständnis, häufig beschränkt auf die Entwicklung der Gestalt, Kompetenz und Struktur einzelner Institutionen (z. B. Parlament, Gerichte, Ämter etc.). Insbesondere neue Ansätze der Institutionentheorie und Anthropologie ergänzen oder verdrängen diese reine Beschreibung durch komplexe Fragen danach, wie Institutionen entstehen, weshalb sie benötigt werden, wie sie aufrechterhalten werden u. a. m.

LAMPRECHTSTREIT
Auseinandersetzung (ab 1893) um den Leipziger Historiker Karl Lamprecht und dessen Konzept einer «Kulturgeschichte»; entzündete sich an den ersten Bänden von dessen mehrbändigem Werk «Deutsche Geschichte».

MEISTERERZÄHLUNG
Bezeichnung für historiographische Konzeptionen, die historische Abläufe auf wenige bestimmende Entwicklungstendenzen (z.B. «Staatsbildung», «Fortschritt») reduzieren und diese in Epochen übergreifenden Erzählungen formulieren. In der Forschung werden nicht nur einzelne dieser Meistererzählungen inhaltlich kritisiert, sondern die Möglichkeit solcher Erzählungen selbst bestritten.

(NEUE) IDEEN-/GEISTESGESCHICHTE/
(NEW) INTELLECTUAL HISTORY
Ursprünglich dem Wortsinn nach eine Geschichte, die sich mit der Entwicklung der Ideen und Theorien beschäftigte. Berührungspunkte mit Theologie- und Philosophiegeschichte entsprechend häufig. Eigentlich auf die Erarbeitung von Argumentationszusammenhängen und Textexegese konzentriert, sah sich die ältere I./G. dem Vorwurf ausgesetzt, zu Gunsten der Texte von der jeweiligen historischen Situation der Textentstehung völlig abzusehen («Höhenkammliteratur»). Gegen diese Ansicht wandten sich neue Ansätze der Begriffsgeschichte, die Cambridge School oder auch die New Intellectual History.

(NEUE) KULTURGESCHICHTE
Eine Historiographie, die sich neben politischen und ökonomischen Fragen mit allen Aspekten des menschlichen Lebens befasst. Zu Grunde gelegt ist ein weiter Begriff von «Kultur», der sich gerade nicht auf den Bereich der «hohen Kultur»/«schönen Künste» beschränkt, sondern Kultur allgemein als Ausdrucksform menschlicher Gestaltung begreift. «Neu» steht im Unterschied zur «älteren» Kulturgeschichte der Zeit um 1900.

NEUE POLITIKGESCHICHTE/NEW POLITICAL HISTORY/ POLITICAL TURN

Unter dem Stichwort des «political turn» tritt eine neue Politikgeschichte an, um den Staat wieder in die historische Forschung zurückzubringen (‹bringing the state back in›). In Ergänzung einer als einseitig gewerteten Sozial- und Kulturgeschichtsschreibung werden Phänomene der Machtausübung, der Staatlichkeit und des politischen Agierens neu gewichtet. Allerdings bedeutet dies im Unterschied zur ‹älteren› Politikgeschichte keine Beschränkung auf die ‹großen Politiker› und ihre Motive oder auf die schlichte Rekapitulation von außenpolitischen Allianzen. Vielmehr wird durch eine umfassende Integration aller jüngeren kulturwissenschaftlichen Ansätze eine Neuinterpretation des Politischen selbst sowie des politischen Handelns allgemein versucht.

POLITICAL LANGUAGE/POLITISCHE SPRACHE

Wichtiges methodisches Konzept der Cambridge School. Bezeichnet die Gesamtheit der Ausdrucks- und Sprachformen, mit deren Hilfe eine Gruppe in einer Konfliktphase Phänomene des Politischen artikuliert, diskutiert und kommuniziert. Die P. L. reflektiert nicht nur bestehende soziale oder politische Realitäten, sondern identifiziert diese dadurch, dass sie sie in den Äußerungen der Zeitgenossen abgrenzt und benennt.

POLITISCHE HISTORIKER

Der Begriff bezeichnet eine Gruppe des ausgehenden 19. Jahrhunderts, deren Anliegen die ausschließliche Erforschung von Staat und Politik war. Dies galt sowohl für die inhaltliche Ausrichtung ihrer Forschungsgebiete wie für die bewusste Indienstnahme der Wissenschaft für politische Ziele («politische Geschichtsschreibung»).

PRIMAT DER INNEN-/AUSSENPOLITIK

Schlagwortartige Kategorien zur Bezeichnung der divergenten Positionen in der Fischerkontroverse. In der Auseinandersetzung um die Thesen Fritz Fischers stand das Verhältnis von innen- und außenpolitischen Faktoren staatlichen Handelns zur Debatte.

PROGRESSIVE/NEW HISTORIANS
Um 1900 formierten sich die N. H. als eine Gruppe nordamerikanischer Historiker, die an den methodischen und inhaltlichen Innovationen in der europäischen Sozial- und Kulturgeschichtsschreibung interessiert war. Die Öffnung hin zu sozialen Aspekten prägte auch die nordamerikanische Ideengeschichtsschreibung. Ab den 1920er Jahren werden die P. H. zur dominanten Schule der nordamerikanischen (USA) Historiographie.

SCIENTIFIC HISTORY
Als S. H. wird die in den USA am Ende des 19. Jahrhunderts dominante Tradition der Geschichtsschreibung bezeichnet, die sich u.a. am Vorbild Leopold v. Rankes orientierte. Von ihr setzten sich seit der Jahrhundertwende die Progressive Historians ab, ohne dass dies zu einer polemischen Konfrontation oder einer Spaltung der Historikerschaft geführt hätte.

STAATSRÄSON
Bezeichnet ursprünglich in den politiktheoretischen Texten der Renaissance ein politisches Handeln, das in erster Linie am Wohl des Staates interessiert war. Geriet in den Interpretationen des Werks Machiavellis zum Negativbild einer unmoralischen, auf politischen Vorteil bedachten Politik. In der Geschichtsschreibung des frühen 20. Jahrhunderts diente die Auseinandersetzung um den Begriff vor allem in Deutschland dazu, das Verhältnis von Politik und Moral und damit von Politik und außerpolitischen Faktoren zu diskutieren.

SYMBOLISCHE KOMMUNIKATION
Der Begriff bezeichnet eine spezielle Art von menschlichem bzw. gesellschaftlichem Austausch. Im Unterschied zur (alltagssprachlich meist vorherrschenden) Konzentration des Begriffes «Kommunikation» auf Worte und Sprache ist mit S. K. ein Austausch gemeint, der sich mit Hilfe bedeutungsbeladener Handlungen und Dinge («Symbole») auf die Ordnung einer Gesellschaft bezieht (u. a. durch die Untersuchung von Riten und Gesten).

VERFASSUNGSGESCHICHTE
Eine auf die Entwicklung der rechtlich normierenden, aber auch sozialen Verfassungen von Staaten konzentrierte Form der Historiographie. Das Verständnis von Verfassung hat sich in den letzten Jahrzehnten deutlich erweitert.

Ortsregister

Basel 14
Berlin 28, 38
Bologna 61
Dänemark 92
Deutschland 9f., 13f., 24f., 30, 33f., 36, 39, 42–44, 54, 59, 61, 65, 68, 71f., 74, 85, 92, 96f., 106, 112
Frankreich 92, 95
Großbritannien (England) 12, 47, 53, 56–59, 64, 68, 85, 92
Heidelberg 61
Italien 12, 59–61, 95, 116
Mühlberg 91
New York 47
Padua 61
Regensburg 39
Schmalkalden 88
Schweden 92
Trient 61
USA (Nordamerika) 10, 12, 30, 44–54, 59, 63–65, 68, 94–97

Personenregister

Aristoteles 22f., 34
Austin, J.L. 82
Beard, Ch. 47
Becker, C.L. 47
Blänkner, R. 97f.
Blickle, P. 98
Böckenförde, E.W. 43f., 64
Brunner, O. 61, 74f.
Burckhardt, J. 13–15, 17f., 20f.
Conze, W. 74f.
Croce, B. 59–61
Dahlmann, F.Chr. 21
Dehio, L. 37
Droysen, J.G. 17, 19–22, 37
Duby, G. 87
Ehmke, H. 43
Fischer, F. 36–38
Foucault, M. 78
Gervinus, G.G. 21
Gilbert, F. 13, 17
Habermas, J. 78
Hartung, F. 33
Hegel, G.W.F. 15f.
Heller, H. 25

Hillgruber, A.   35f., 39–41
Hintze, O.   21, 24f., 28f., 30, 33, 37, 39, 42, 61, 64, 73, 77, 84
Huber, E.R.   42f., 64
Jellinek, G.   21, 28, 33
Kelsen, H.   33
Kertzer, D.I.   107f.
Kloppenberg, J.   52
Koselleck, R.   73–75
Laclau, E.   79
Lamprecht, K.   13
Leo, H.   21
Leonhard, J.   111, 116
Litt, Th.   32
Locke, J.   94
Lovejoy, A.O.   54–57, 59, 69
Luhmann, N.   98
Luther, M.   72
Machiavelli, N.   21, 80f.
Mannheim, K.   54
Marx, K.   59
Meinecke, F.   21, 24–28, 36f., 39, 54, 60, 64, 68f., 73
Melanchthon, Ph.   89
Mergel, Th.   85, 108–110, 117f.
Miller, P.   59
Mohl, R.v.   22
Mouffe, C.   79
Müller, A.   15
Nolte, P.   96f.
Oestreich, G.   30

Osgood, H.L.   49
Paulus   91
Pocock, J.G.A.   79–81, 95–97
Preuß, H.   25
Ranke, L.v.   13, 15–17, 19–21, 37, 45, 53, 114
Riedel, M.   22
Robinson, J.H.   46
Rohe, K.   83
Roscher, W.   21, 29
Sabine, G.H.   56
Sarcinelli, U.   107
Saussure, F.   81
Schlögel, R.   101–104
Schmitt, C.   25, 31, 42f.
Schmoller, G.   61
Searle, J.R.   82
Seresse, V.   100
Skinner, Q.   56–58, 64, 79, 81f., 94
Skopol, Th.   51
Skowronek, St.   51
Smend, R.   21, 25, 31–33, 42–44, 64, 77, 84, 106
Stollberg-Rilinger, B.   104–106
Sybel, H.v.   21
Treitschke, H.v.   21–29, 34, 59, 63
Voltaire   16
Waitz, G.   21f.
Weber, M.   28, 41, 70, 83
Wehler, H.-U.   34f., 39–41, 44
Wittgenstein, L.   82